NUEVO
ESPAÑOL
EN MARCHA

WORKBOOK

Francisca Castro Viúdez

Pilar Díaz Ballesteros

Ignacio Rodero Díez

Carmen Sardinero Francos

Español Lengua Extranjera

SGEL

Primera edición, 2015

Produce **SGEL – Educación**
Avda. Valdelaparra, 29
28108 ALCOBENDAS (MADRID)

© Francisca Castro, Pilar Díaz, Carmen Sardinero, Ignacio Rodero
© Sociedad General Española de Librería, S. A., 2015
  Avda. Valdelaparra, 29. 28108 ALCOBENDAS (MADRID)

Coordinación editorial: Jaime Corpas
Edición: Mise García
Diseño de cubierta e interior: Verónica Sosa
Traducción al inglés: Andrew Hastings
Corrección: Susana López
Maquetación: Verónica Sosa
Ilustraciones: Maravillas Delgado (págs.: 9, 24, 25, 26, 29, 30, 32, 38, 39, 43, 45, 46, 48)
y Pablo Torrecilla (págs.: 5, 16).
Fotografías: Héctor de Paz (pág.17), Cordon Press (pág. 36); el resto de Shutterstock, de las cuales, solo para
uso de contenido editorial, pág. 15 foto a (krechet / Shutterstock.com), foto c /Migel / Shutterstock.com), foto f (Igor Bulgarin /
Shutterstock.com), pág. 31 foto de Juan Luis Guerra (Miguel Campos / Shutterstock.com)
Impresión:

ISBN: 978-84-9778-901-1

Depósito Legal: M-30351-2015

Printed in Spain – Impreso en España

CONTENIDOS

1 Saludos

¡Encantado!

1 Match up the expressions.

1. ¡Hola!, ¿qué tal?
2. ¿De dónde eres?
3. ¿Cómo te llamas?
4. Este es Rubén.
5. Mucho gusto.
6. ¿Eres español?

a. Encantado.
b. Soy japonesa.
c. Me llamo Mayumi.
d. Bien, ¿y tú?
e. ¡Hola!, Rubén, ¿qué tal?
f. No, soy cubano.

2 Write the questions.

1. A _¿De dónde eres?_
   B Soy andaluz.
2. A ¡Hola!, ¿_____?
   B Bien, ¿y usted?
3. A ¿_____?
   B No, soy mexicana.
4. A ¿_____?
   B Soy francesa.
5. A ¿_____?
   B Renate, ¿y tú?

3 Complete the table.

TÚ	USTED
¿Cómo te llamas?	¿Cómo se llama?
	¿De dónde es usted?
¿Cómo estás?	

4 Complete the dialogues using elements from the box.

soy • eres • cómo • y tú

1. A Hola, ¿_cómo_ te llamas?
   B Anil, ¿y tú?
   A Safiya.
   B ¿_____ francesa?
   A No, _____ nigeriana. ¿_____?
   B Yo soy paquistaní.

pero • en • esta • gracias • dónde

2. PABLO: María, mira, _esta_ es Susanne.
   MARÍA: Hola, Susanne, ¿qué tal?
   SUSANNE: Bien, _____.
   MARÍA: ¿De _____ eres?
   SUSANNE: Soy francesa, _____ ahora vivo _____ Madrid.

presento • gracias • buenos • encantado

3. SUSANA: Buenos días, Sr. López.
   SR. LÓPEZ: _____ días, Susana.
   SUSANA: Mire le _____ a la nueva directora, Julia Linares.
   SR. LÓPEZ: _____ de conocerla.
   JULIA: _____, igualmente.

5 Complete the table.

PAÍS	NACIONALIDAD	
	masculino	**femenino**
Francia	francés	francesa
Portugal		portuguesa
Marruecos		marroquí
Brasil	brasileño	
		peruana
Canadá	canadiense	
	alemán	
Polonia	polaco	
Bielorrusia		bielorrusa
	irlandés	
México		

6 Write the names that are spelled out. Five are surnames and five are cities.

1 Ese – a – ene – ce – hache – e – ceta
   Sánchez
2 Erre – o – de – erre – i – ge – u – e – ceta

3 Ceta – o – erre – erre – i – elle – a

4 Eme – a – erre – te – i – ene – e – ceta

5 Hache – u – e – erre – te – a

6 Be – o – ge – o – te – a

7 Uve – a – ele – e – ene – ce – i – a

8 Uve – a – erre – ese – o – uve – i – a

9 Te – u – ene – e – ceta

10 A – ene – ce – a – erre – a

B   ¿A qué te dedicas?

1 Find the names of eight professions in this wordfinder puzzle.

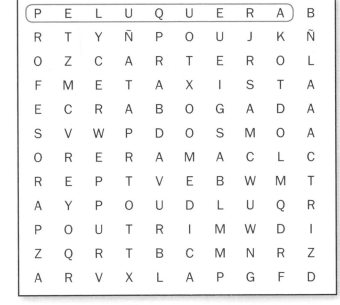

P	E	L	U	Q	U	E	R	A	B
R	T	Y	Ñ	P	O	U	J	K	Ñ
O	Z	C	A	R	T	E	R	O	L
F	M	E	T	A	X	I	S	T	A
E	C	R	A	B	O	G	A	D	A
S	V	W	P	D	O	S	M	O	A
O	R	E	R	A	M	A	C	L	C
R	E	P	T	V	E	B	W	M	T
A	Y	P	O	U	D	L	U	Q	R
P	O	U	T	R	I	M	W	D	I
Z	Q	R	T	B	C	M	N	R	Z
A	R	V	X	L	A	P	G	F	D

2 Make sentences as in the example.

1 Él / llamar por teléfono / todos los días.
   Él llama por teléfono todos los días.

2 Rosa / tener / tres hijos.
   _____

3 Ignacio / hablar / inglés y francés.
   _____

4 Nosotros / comer / en casa los domingos.
   _____

5 ¿Usted / hablar / ruso?
   _____

6 ¿Vosotros / vivir / en España?
   _____

7 Ellos / vivir / en París.
   _____

8 Layla / estudiar / en la universidad.
   _____

9 Yo / no trabajar / ni estudiar.
   _____

10 ¿Usted / trabajar / aquí?
   _____

3 Complete the table.

SER	TENER
soy	tengo
	tienes
somos	
son	

4 Complete the sentences with *tener* or *ser*.

1 Elena *tiene* dos hijos.
2 Roberto _____ de Buenos Aires.
3 ¿De dónde _____ Jorge y Claudia?
4 A ¿_____ ustedes americanos?
   B No, _____ ingleses.
5 Yo _____ un novio español.
6 Mi amiga Gisela _____ brasileña.
7 A ¿_____ novio (vosotras)?
   B Ella sí, pero yo no _____.
8 A ¿Tú _____ peruana?
   B No, _____ boliviana.
9 A Julia _____ mi hermana, _____ profesora.
   B Yo también _____ profesora.
10 Mi hija _____ una casa en Mallorca.
11 A (Nosotros) _____ argentinos. Y vosotros, ¿de dónde _____?
    B _____ chilenos.
12 A ¿(Tú) _____ hijos?
    B No, no _____ hijos.

5 Make sentences using an element from each column.

Luis y yo	habla	Derecho
Renate	trabajo	traductora
Yo	estudiamos	madrileños
Ángel y Rosa	es	cuatro idiomas
	tienen	en un restaurante
	somos	dos hijos
		cocineros

C ¿Cuál es tu número de móvil?

1 Match up the numbers and the written-out version.

a 934 694 325
b 608 541 275
c 956 439 803
d 963 352 041
e 972 376 921
f 608 342 105

1 nueve, cinco, seis; cuatro, tres, nueve; ocho, cero, tres.
2 nueve, seis, tres; tres, cinco, dos; cero, cuatro, uno.
3 seis, cero, ocho; tres, cuatro, dos; uno, cero, cinco.
4 nueve, tres, cuatro; seis, nueve, cuatro; tres, dos, cinco.
5 nueve, siete, dos; tres, siete, seis; nueve, dos, uno.
6 seis, cero, ocho; cinco, cuatro, uno; dos, siete, cinco.

2 Write the telephone numbers.

a 913 567 826
  nueve, uno, tres; cinco, seis, siete; ocho, dos, seis.

b 925 073 941
  _____

c 626 254 685
  _____

d 620 654 392
  _____

e 953 981 856
  _____

3 Complete the table.

once		trece
		dieciséis
		diecinueve

4 🔊 1 Listen and fill in the details.

NOMBRE: Manuel _____
APELLIDOS: _____
NACIONALIDAD: _____
PROFESIÓN: _____
CIUDAD: _____ TEL.: _____
CORREO ELECTRÓNICO: manuel.romero@gmail.com

NOMBRE: Isabel _____
APELLIDOS: _____
NACIONALIDAD: _____
PROFESIÓN: _____
CIUDAD: _____ TEL.: _____
CORREO ELECTRÓNICO: _____

5 Fill in with your own details.

NOMBRE: _____
APELLIDOS: _____
NACIONALIDAD: _____
PROFESIÓN: _____
CIUDAD: _____ TEL.: _____
CORREO ELECTRÓNICO: _____

6 Complete the sentences with the information from the cards.

NOMBRE: **José**
APELLIDOS: **Martínez López**
TRABAJO: **secretario**
DOMICILIO: **Sevilla**
NACIONALIDAD: **española**

NOMBRE: **Noelia**
APELLIDOS: **Montoro Ruiz**
TRABAJO: **pianista**
DOMICILIO: **Cáceres**
NACIONALIDAD: **cubana**

1 Se llama José Martínez _____. Es _____. _____ en Sevilla y es _____.

2 _____ Noelia _____ _____. Es _____. _____ en Cáceres y es _____.

7 Complete using the verbs in the box. Each one is used several times.

> llamarse • estudiar • vivir • ser
> tener • trabajar • hablar • estar

A
Hola, (1) *me llamo* Antonio Rodríguez, (2)_____ taxista. (3)_____ con mi familia en Toledo. Estoy casado y (4)_____ un hijo de quince años. Mi mujer (5)_____ Susana y (6)_____ peluquera, (7)_____ en una peluquería cerca de nuestra casa. Mi hijo (8)_____ en el instituto, (9)_____ un buen estudiante. En mi casa (10)_____ también mi madre, tiene 68 años y (11)_____ viuda. Ella nos ayuda en el trabajo de la casa.

B
Yo (12)_____ Luisa y (13)_____ enfermera. (14)_____ andaluza, pero (15)_____ en Tarragona. (16)_____ en un hospital, claro. (17)_____ soltera, pero tengo una familia muy grande. Mis hermanos y mis padres (18)_____ en Barcelona.

C
Mira esta foto, (19)_____ Javier, mi novio. (20)_____ 23 años y (21)_____ informático, (22)_____ en una empresa de ordenadores. (23)_____ inglés y francés, (24)_____ muy inteligente.

siete **7**

2 Familias

A ¿Estás casado?

1 Match up the questions and the answers.

1 ¿Tienes hermanos?
2 ¿Estás casada?
3 ¿Cuántos hijos tienen ustedes?
4 ¿Cómo se llama tu madre?
5 ¿Estás casado o soltero?
6 ¿Tienes abuelos?
7 ¿De dónde es tu padre?
8 ¿Cuántos años tiene tu madre?
9 ¿Dónde vives?
10 ¿Dónde trabaja tu padre?

a No, estoy soltera.
b Rocío.
c Yo estoy casado, ¿y tú?
d Sí, una abuela.
e Dos, un niño y una niña.
f Sí, uno mayor que yo.
g Cincuenta.
h Es de Córdoba.
i En un apartamento en Madrid.
j En un restaurante.

2 Complete the descriptions of the families using the verbs *ser, tener* or *llamarse*.

LAURA

Yo vivo con mi familia. Mi padre (1)_____ Jaime y (2)_____ abogado. Mi madre, Paloma, (3)_____ 45 años y (4)_____ bibliotecaria. Mi hermano Víctor (5)_____ estudiante, (6)_____ mayor que yo, (7)_____ 20 años.
Además (8) _____ dos hermanas pequeñas. (9) _____ Elena y Estrella. (10) _____ muy simpáticas.

PABLO

Yo vivo en Madrid y mi familia en un pueblo. (1)_____ dos hermanas, María (2)_____ la mayor, (3)_____ 21 años y estudia medicina. Isabel (4)_____ la menor, (5)_____ 18 años y estudia en el instituto. Las dos (6) _____ muchos amigos.
Mi madre (7)_____ Rosa, (8)_____ médica y mi padre (9)_____ Francisco y (10)_____ economista.

3 Look at the family tree and complete the sentences.

José Luis ∞ Mercedes
Miguel ∞ Marisa   Jorge ∞ Adela
Irene   Celia   Álvaro

CELIA: Mercedes es mi *abuela.*
MARISA: Miguel es mi _____
MERCEDES: Jorge es mi _____
IRENE: Jorge es mi _____
IRENE: Marisa es mi _____
MIGUEL: Marisa es mi _____
ÁLVARO: José Luis es mi _____
CELIA: Miguel y Marisa son mis _____
ÁLVARO: José Luis y Mercedes son mis _____
ADELA: Celia es mi _____

4 Write the plural.

1 Juan es colombiano.
   Rosa y María son colombianas.
2 Mi padre es profesor.
   Mis padres _____ .
3 Yo tengo un gato.
   Nosotros _____ .
4 Él está casado.
   Ellos _____ .
5 Este hotel es caro.
   Estos _____ .
6 ¿Tu compañero es español?
   ¿Tus _____ ?
7 Este chico es estudiante.
   Estos _____ .
8 ¿Tu bolígrafo es nuevo?
   ¿_____ ?
9 La ventana está abierta.
   _____ .
10 Esta es la amiga de mi hermana.

B ¿Dónde están mis gafas?

1 Find the names of the objects in this wordfinder puzzle.

O	B	C	R	D	P	M	G	U	V	F
R	P	O	W	S	S	B	P	W	R	M
D	I	C	C	I	O	N	A	R	I	O
E	N	H	G	L	F	R	R	E	P	V
N	B	E	U	L	A	M	A	L	P	I
A	Y	B	M	A	P	A	G	O	J	L
D	N	L	I	B	R	O	U	J	Z	W
O	B	N	M	G	A	F	A	S	C	P
R	Z	A	E	L	R	P	S	R	T	U

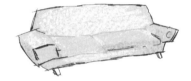

2 This is the language class, but the teacher isn't there. Answer the questions using the prepositions in the box.

> al lado de (x2) • encima de (x3) • debajo de • entre • detrás • delante • en

1 ¿Dónde están Laura, María y Jorge?
Laura, María y Jorge están _al lado de_ la ventana.

2 ¿Dónde están los diccionarios?
Los diccionarios están _____ la mesa.

3 ¿Dónde está Jorge?
Jorge está _____ Laura y María.

4 ¿Dónde está la mochila de Laura?
La mochila de Laura está _____ la silla.

5 ¿Dónde está el cuaderno?
El cuaderno está _____ la silla.

6 ¿Dónde está Laura?
Está _____ de la ventana.

7 ¿Dónde está el balón?
El balón está _____ de la silla.

8 ¿Dónde está el mapa?
El·mapa está _____ la pared.

9 ¿Dónde está el ordenador?
El ordenador está _____ la mesa.

10 ¿Dónde está el ratón?
El ratón está _____ del ordenador.

3 Follow the model.

1 hermano (yo)
 Este es mi hermano.
2 padres (yo)
 Estos _____ .
3 madre (tú)
 ¿_____ ?
4 tíos (él)
 _____ .
5 libros (tú)
 _____ .

6 hermanas (yo)
 _____ .
7 abuelos (ella)
 _____ .
8 teléfono (Ud.)
 ¿_____ ?
9 móvil (yo)
 _____ .
10 coche (ella)
 ¿_____ ?

C   ¿Qué hora es?

1 Write the time shown on each clock.

_____   _____

_____   _____

_____   _____

_____   _____

2 Complete as in the example.

a   25   *veinticinco.*
b   87   _____ y siete.
c   94   noventa _____ .
d   103 _____ tres.
e   115 _____ quince.
f   230 doscientos _____ .
g   321 trescientos _____ .
h   446 _____ cuarenta y seis.
i   535 _____ treinta y cinco.
j   1212 mil _____ .
k   1936 _____ treinta y seis.
l   1998 mil novecientos _____ .
ll 2550 dos mil _____ .

3 🔊 2 Listen to a person talking about when they do things in his country and write in the times.

Desayuno: Desayunan a las _____ .
Comida: A las _____ .
Cena: _____ .
Los niños empiezan las clases a las _____ .
Los bancos abren a las _____ y cierran a las
_____ .
Las tiendas abren a las _____ y cierran a las
_____ .

4 Fill in the gaps with the times they do things in your country.

En mi país la gente desayuna a las _____ ,
come a las _____ y cena a las _____ .
Los niños empiezan las clases a las _____ .
Los bancos abren a las _____ y cierran a las
_____ .
Las tiendas abren a las _____ y cierran a las
_____ .

5 Read the text and say if the statements are true (T) or false (F).

HIJOS ADOPTADOS

Manolo y Nuria son gallegos, viven en Santiago de Compostela. Manolo es administrativo y tiene 36 años. Su mujer, Nuria, tiene 34 años y es peluquera. Tienen dos hijos: Marcos y Benito. Pero los hijos no son gallegos, ni españoles. Marcos es ecuatoriano, tiene 8 años, y Benito, de 7 años, es colombiano. Los dos son adoptados. Ahora forman una familia feliz.

1 Manolo y Nuria no son españoles. ☐
2 La familia vive en España. ☐
3 Nuria es peluquera. ☐
4 Manolo y Nuria tienen tres hijos. ☐
5 Marcos y Benito son hijos adoptados. ☐

6 Put the words in the correct order to make sentences.

1 simpática / es / hermana / mi / muy.
   Mi hermana es muy simpática.
2 ¿vives / tus / tú / padres / con?
   _____
3 ¿padres / tus / viven / dónde?
   _____
4 mayor / hermano / mi / médico / es.
   _____
5 marido / alemana / empresa / trabaja / una / en / mi.
   _____
6 vive / padres / abuelo / mi / con / mis.
   _____
7 ¿estudian / hijos / universidad / en / tus / la?
   _____

7 🔊 3 Listen and complete the table.

	VUELO	HORA	Puerta embarque
Lima		7.55	6 C
Santiago	064	12.05	
Buenos Aires	1289		5 B
México	576	18.35	
Roma		23.10	10 A

8 Correct the errors.

1 Mis padres es italianos.
   Mis padres son italianos.
2 ¿Dónde está mis lápices?
   _____
3 Enrique tiene dos reloj.
   _____
4 El diccionario está encima de mesa.
   _____
5 Mi hermano estudio Medicina.
   _____
6 Son la una y cuarto.
   _____
7 Esta sofá es muy cómodo.
   _____
8 En mi país la gente cena las diez.
   _____

9 Complete the sentences using the words in the box.

tu • sus • este • ~~esta~~ (x2) • estos • estas • mi
tus • vuestro • mis

1 *Esta* no es mi mesa.
2 _____ hijo tiene un perro.
3 ¿De qué color es _____ coche, Juan?
4 ¿Son _____ los libros de _____ compañeros, Laura?
5 María no vive en casa de _____ padres.
6 _____ son mis amigas Marta y Nieves.
7 **A:** Mi mujer y yo tenemos un hijo.
   B: ¿Y cuántos años tiene _____ hijo?
8 _____ chico no es mi hermano, es mi primo.
9 En _____ foto estamos mi hermano y yo con _____ padres en la playa.

Practica más 1

1 Complete the tables.

	Trabajar	Comer	Vivir
yo	trabajo	como	vivo
	trabajas		
él			
nosotros			
			vivís
ellos		comen	

Tener	Ser
	soy
tienes	
	somos
tenéis	

2 Complete the sentences using one of the verbs from exercise 1.

1 Ángel y Susi <u>tienen</u> dos hijos.
2 Ida _____ peruana, _____ peluquera y _____ en una peluquería.
3 Nosotros _____ los domingos en un restaurante chino.
4 A ¿Dónde _____ usted?
  B En Málaga, ¿y usted?
5 A ¿_____ hijos?
  B No, estoy soltero.
6 Rosa y Emilio _____ profesores y _____ en una escuela de idiomas.
7 Julia _____ estudiante y _____ con sus padres.
8 A ¿Dónde _____ ustedes?
  B Yo, en un restaurante.
  C Y yo en una empresa de informática.
9 Nosotros no _____ hijos.
10 Ellos _____ españoles, pero _____ en Cuba.

3 Put the words in the correct column.

silla ordenador mapa sofá diccionario libro móvil gafas televisión mesa ventana cuaderno hotel chico

Masculino	Femenino
ordenador	silla

4 Write the questions.

1 A ¿De <u>dónde eres</u>?
  B Soy peruana.
2 A ¿_____ español?
  B No, soy mexicano.
3 A ¿Dónde _____?
  B Yo en Valencia.
  C Y yo en Sevilla.
4 A ¿A qué _____?
  B Soy administrativo.
5 A ¿_____?
  B En una empresa de informática.
6 A ¿_____?
  B Roberto Martínez.
7 A ¿_____ madrileñas?
  B No, somos andaluzas.
8 A ¿_____?
  B No, estoy soltera.
9 A ¿_____?
  B Sí, un niño y una niña.

5 Write the plural of these nouns.

1 la mesa   *las mesas*
2 el reloj   _____
3 el hombre   _____
4 la mujer   _____
5 el paraguas   _____
6 el estudiante _____
7 la abuela   _____
8 la madre   _____
9 el autobús   _____
10 el móvil   _____
11 la hija   _____

6 Complete with the correct possessive.

1 ¿Cómo se llama *tu* hijo? (tú)
2 ¿Dónde están _____ gafas? (yo)
3 ¿De dónde es _____ profesora? (tú)
4 ¿Dónde están _____ libros? (tú)
5 ¿Dónde están _____ hermanas? (usted)
6 ¿Dónde está _____ padre? (usted)
7 ¿De dónde es _____ novia? (él)
8 ¿Dónde está _____ diccionario? (yo)

7 Fill in the missing numbers.

1 diez,_____ , doce, _____ ,
catorce, _____ , dieciséis,
_____ , dieciocho, _____ .

2 veinte, _____ , cuarenta,
_____ , sesenta, _____ ,
ochenta, _____ .

3 _____ , doscientos, _____ ,
cuatrocientos, _____ , seiscientos,
_____ , ochocientos, _____ ,
mil.

8 In each sentence there is an error. Find it and correct it.

1 ¡Buenas días, señor Martínez!
*Buenos.*_____

2 Me llamo Mary y soy inglés.
_____

3 Ellos vive en París.
_____

4 Yo trabaja en un banco.
_____

5 Mi madre es peluquero.
_____

6 ¿De dónde sois ustedes.?
_____

7 Roberto y Ana tiene dos hijos.
_____

8 Mi compañera está de Brasil.
_____

9 Nosotras somos italiana.
_____

10 En mi país la gente comen a las 12.
_____

11 La reloj de Luis es nuevo.
_____

12 Esta mapa es de América del Sur.
_____

El trabajo

A   Rosa se levanta a las siete

1 Make sentences.

1 María / bañarse / por la mañana.
   María se baña por la mañana.

2 Jorge / levantarse / muy tarde.
   _____

3 ¿Tú / acostarse / antes de las 12?
   ¿_____?

4 Mi novio no / afeitarse / todos los días.
   _____

5 Clarita / peinarse / sola.
   _____

6 Yo / acostarse / antes que mi mujer.
   _____

7 Mis padres / levantarse / temprano.
   _____

8 Peter / sentarse / en la última fila.
   _____

2 Complete using the correct preposition.

> _a (al)   de   desde   hasta   en   por_

1 El lunes próximo vuelvo _a_ mi país.
2 La farmacia está abierta _____ las diez _____ la mañana _____ las ocho _____ la tarde.
3 Rebeca sale _____ casa _____ las 8.
4 Yo voy _____ trabajar _____ metro y vuelvo _____ casa andando.
5 ¿_____ qué hora te levantas?
6 Los bancos abren _____ ocho _____ tres.
7 Los sábados _____ la mañana voy _____ gimnasio.
8 Raúl y Luisa vuelven _____ las vacaciones mañana.
9 En esta escuela hay clases _____ la mañana y _____ la tarde.
10 Yo trabajo _____ casa.
11 No he visto _____ Juan _____ el verano pasado.

3 Match up the opposites.

1 ir   a despertarse
2 dormir   b salir
3 abrir   c volver
4 entrar   d terminar
5 acostarse   e levantarse
6 empezar   f cerrar

4 Complete the table.

Acostarse	Volver	Ir
me acuesto		
te	vuelves	
se		va
	volvemos	
os acostáis		
		van

5 Find the verb forms in this wordfinder puzzle .

> ~~ir, yo~~ • cerrar, ella • empezar, nosotros
> salir, yo • venir, vosotros • cerrar, yo
> venir, yo • empezar, usted • salir, ellos

C	E	M	P	E	Z	A	M	O	S
I	W	R	V	O	Y	Ñ	E	M	A
E	C	I	E	R	R	A	M	H	L
R	V	E	N	G	O	B	P	X	G
R	M	Q	I	Z	M	Ñ	I	K	O
O	U	Z	S	S	A	L	E	N	C
Z	W	R	T	M	B	O	Z	Q	L
V	B	R	E	T	U	M	A	X	L

6 Put the verb in the present tense to complete the sentences.

1 A Hola, María, ¿de dónde (venir) _vienes_?

B (venir) _____ de comprar unos regalos y (ir) _____ ahora mismo al supermercado, que (cerrar) _____ a las 9.

2 A ¿(ir, nosotros) _____ mañana a la playa?

B Si (acostarse, nosotros) _____ pronto hoy, sí.

3 A ¿A qué hora (empezar) _____ la película?

B A las 12, pero yo (acostarse) _____ ya, estoy muy cansada.

4 A Es tarde, ¿(volver, nosotros) _____ a casa?

B Sí, ¿(ir, nosotros) _____ en metro o en taxi?

5 ¿Tú (levantarse) _____ muy temprano?

B ¿Estudias o trabajas?

1 Put these tiles in the correct order to give the days of the week.

LU	SÁ	NES	CO	BA	GO

MIN	DO	NES	JUE	VIER

MIÉR	TES	MAR	VES	LES	DO

1 _LU_ _____
2 _____ _____
3 _____ _____ _____
4 _____ _____
5 _____ _____
6 _____ _____ _____
7 _____ _____ _____

3 Match up the person with the place.

1 músico   a oficina
2 estudiante   b aeropuerto
3 camarero/a   c orquesta
4 enfermero/a   d restaurante
5 dependiente   e universidad
6 azafata   f hospital
7 secretario/a   g supermercado

4 Write sentences about these people; use the vocabulary from the previous exercise.

1 Paloma es azafata y trabaja en _____ .
2 Celia es dependienta y _____ .
3 Ana y Luisa _____ enfermeras y _____ .
4 Mi hermana _____ y _____ una oficina.
5 Jaime y Pedro _____ restaurante.

2 Match up the photographs with the professions.

1 músico ☐
2 conductor ☐
3 policía ☐
4 pintor ☐
5 estudiante ☐
6 camarero ☐
7 enfermera ☐

5 Nuria lives in Granada with her daughter. Look at the drawings and write sentences about her life. Use the verbs in the box.

> ir a nadar • ducharse • leer • cenar • trabajar • llevar al colegio
> desayunar • recoger • ~~levantarse~~

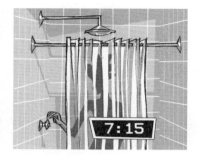

1 Nuria *se levanta* a las siete.
2 Nuria _____ .
3 Nuria _____ con su hija a las 7.30.
4 _____ a la niña a las 8.
5 _____ en el colegio desde las 9 hasta las 17.
6 _____ a su hija a las 17.30.
7 _____ a la piscina a las 18.00.
8 _____ con su hija a las 20.00.
9 _____ un libro antes de dormirse.

6 Complete the sentences using the words in the box.

> soy muy trabajo porque salgo fines
> el cine y semanas cantantes ~~de~~

Hola, me llamo Paula y soy *de* Madrid. Tengo 28 años y _____ periodista. _____ en la redacción de la revista *Clarita*. Mi trabajo es _____ interesante _____ conozco a mucha gente: artistas, políticos, _____…
Todas las _____ hago un reportaje _____ una entrevista.
Los _____ de semana _____ con mis amigos. El sábado vamos a bailar y _____ domingo, al _____ .

C ¿Qué desayunas?

1 🔊 4 Four people are in a café. Listen and write in what each one has for breakfast.

¿Qué toman?

A _____ y tostada.　_____ de queso　_____ una magdalena

B _____ .　_____ .　y _____ .

2 Match up the words on the left with those on the right. There may be more than one possibility.

1 zumo
2 pan
3 café
4 aceite
5 bocadillo
6 té

a con tomate y aceite
b de jamón
c con leche
d de oliva
e con limón
f con mantequilla
g de queso
h de frutas

3 Answer the following questions.

1 ¿A qué hora desayunas?

_____

2 ¿Qué desayunas normalmente?

_____

3 ¿A qué hora comes normalmente? ¿Y los domingos?

_____

4 ¿Tomas café después de comer?

_____

5 ¿Meriendas? ¿Qué meriendas?

_____

6 ¿A qué hora cenas?

_____

4 Complete with *g* or *gu*.

1 __itarra
2 para__ayo
3 re__alo
4 __oma
5 Uru__ay
6 cole__io
7 __erra
8 domin__o
9 pa__ar
10 Norue__a

4   La casa

A   ¿Dónde vives?

1 Look at the photographs and write where in the house you would find them. Use the places in the box.

> dormitorio • cocina • comedor • ~~jardín~~ • salón • garaje • cuarto de baño

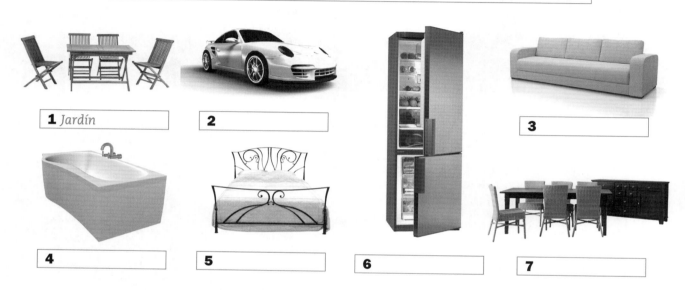

1 *Jardín*	**2**	**3**
4	**5**	**6** **7**

2 Which flat does each person live in?

1 Doña Matilde en el 1.º izda.
En el primero izquierda.

2 Don Federico en el 4.º dcha.

_____

3 Juan y Manuel en el 3.º C.

_____

4 Mi hermana en el 2.º izda.

_____

5 La señora González en el 10.º dcha.

_____

6 El señor Vergara en el 1.º dcha.

_____

3 Read this ad from the *Flats for Sale* section and complete the sentences.

1 El piso de General Ricardos tiene dos habitaciones y un _____ completo. La _____ está amueblada.

2 Los _____ del piso de Salamanca tienen mucha luz.

3 La única casa que tiene _____ es la de Urgel.

4 Por 250 000 euros tenemos un piso en Chamartín con un _____ pequeño.

5 El apartamento de Pirámides tiene un gran _____.

Venta de pisos

▶ **General Ricardos:** 2 dormitorios, cocina amueblada, baño completo: **190 000 €.**

▶ **Salamanca:** 90 m², 3 dormitorios, muy luminoso: **450 000 €.**

▶ **URGEL:** 70 m², 2 dormitorios, garaje, cerca del metro: **180 000 €.**

▶ **Chamartín:** 3 dormitorios, planta baja, pequeño jardín: **250 000 €.**

▶ **Pirámides:** apartamento, 60 m², 1 dormitorio, salón muy grande, junto a la estación de cercanías: **200 000 €.**

B Interiores

1 What part of the house might these things be in? There are several options.

> sillones lavabo lavavajillas
> ~~armarios~~ espejo equipo de música
> mesa bañera microondas

Salón	Cocina	Cuarto de baño
	armarios	

2 Fill in the gaps with definite articles (el / la / los / las).

1 Compro _el_ periódico todas las mañanas.
2 _____ casa de Isidro es muy grande.
3 _____ amigos de Juan son muy jóvenes.
4 Yo vivo en _____ centro de Madrid.
5 Trabajo con _____ hermanas de Ángela.
6 _____ metro está cerca de _____ plaza Mayor.
7 _____ comedor de mi casa tiene dos ventanas.
8 ¿Están _____ platos en _____ lavavajillas?
9 Tengo _____ entradas para _____ concierto.
10 _____ mesa y _____ sillas de madera están en _____ jardín.

3 Fill in the gaps with indefinite articles (un / una / unos / unas).

1 Este hotel tiene _una_ piscina estupenda.
2 ¿Trabajas en _____ empresa de informática?
3 Este es _____ restaurante muy bueno.
4 Tengo _____ libros de arte preciosos.
5 Este piso tiene _____ cuarto de baño muy grande.
6 Tengo _____ pantalones nuevos.
7 Rosa vive en _____ chalé adosado.
8 Estudio en _____ colegio bilingüe.
9 ¿Quieres _____ vaso de leche?
10 ¡Hace _____ día estupendo!
11 Al lado de la habitación hay _____ cuarto de baño.
12 En la habitación hay _____ hombre y _____ mujer.
13 En el frutero hay _____ naranjas y _____ manzana.

4 Fill in the gaps with the correct definite or indefinite article.

1 _El_ libro está en mi cartera pero no sé dónde están _____ gafas.
2 Cerca de mi casa hay _____ mercado.
3 _____ pizarra está en _____ pared.
4 _____ campos de fútbol están al final del parque.
5 Allí está _____ tienda de fotografía.
6 Me levanto a _____ seis todos los días.
7 Pablo tiene _____ coche muy viejo.
8 Cerca de mi casa hay _____ estación de autobuses.
9 Jesús es _____ marido de _____ amiga de mi hermana.

5 Put the words in the correct order to make sentences.

1 dos restaurantes / mi casa / cerca de / hay.
Cerca de mi casa hay dos restaurantes.
2 Barcelona / el Museo Picasso / está / en.
_____
3 Bilbao / cerca de / está / Santander.
_____
4 hay / mi casa / una estación / junto a.
_____
5 lavabo / espejo / está / encima / del / el.
_____
6 está / ordenador / habitación / el / hermano / la / en / mi / de.
_____
7 ¿banco / aquí / hay / cerca / dónde / de / un?
_____
8 cine / niños / está / los / Andrés / el / con / en
_____

6 Fill in the gaps with the words in the box.

> hay • está • están • tiene • tienen

1 El dormitorio _está_ al final del pasillo.
2 ¿_____ una farmacia por aquí cerca?
3 ¿Dónde _____ los servicios, por favor?
4 En la plaza _____ un museo.
5 La estantería _____ a la derecha de la tv.
6 ¿_____ unos grandes almacenes cerca de tu casa?
7 Mis abuelos _____ una casa en el campo.
8 ¿Dónde _____ la calle General Ricardos?
9 ¿_____ tu madre microondas en la cocina?
10 El espejo _____ en el cuarto de baño.

7 🔊 **5** Listen to Carmen talking about her house and say if the statements are true (T) or false (F). Correct those that are false.

1 La casa de Carmen está en la ciudad. ☐
2 La casa de Carmen es muy bonita. ☐
3 La casa tiene dos cuartos de baño. ☐
4 El comedor tiene chimenea. ☐
5 La cocina está cerca del salón. ☐
6 La casa no tiene garaje. ☐
7 El jardín es pequeño. ☐
8 Tiene muchos árboles y flores. ☐
9 En la casa no hay piscina. ☐

_____
_____
_____
_____
_____

8 Complete the text using the words in the box.

está • en • dormitorios • quinta • librería • ~~grande~~ • porque • cocina • hay • televisión • el

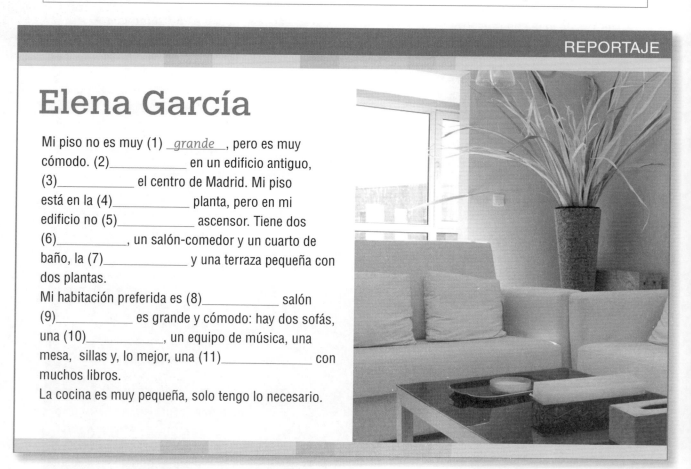

REPORTAJE

Elena García

Mi piso no es muy (1) _grande_, pero es muy cómodo. (2)_____ en un edificio antiguo, (3)_____ el centro de Madrid. Mi piso está en la (4)_____ planta, pero en mi edificio no (5)_____ ascensor. Tiene dos (6)_____, un salón-comedor y un cuarto de baño, la (7)_____ y una terraza pequeña con dos plantas.
Mi habitación preferida es (8)_____ salón (9)_____ es grande y cómodo: hay dos sofás, una (10)_____, un equipo de música, una mesa, sillas y, lo mejor, una (11)_____ con muchos libros.
La cocina es muy pequeña, solo tengo lo necesario.

C Visita a Córdoba

1 Put the following sentences in logical order.

a Pago la cuenta. ☐
b Relleno la ficha en la recepción. ☐
c Paso la noche en el hotel. ☐
d Subo a mi habitación. ☐
e Llego al hotel. ☐①
f Desayuno. ☐
g Me marcho del hotel. ☐

2 What do you say in these situations?

1 Quieres pasar el próximo fin de semana en un hotel
con tu amigo/a. Telefoneas al hotel. ¿Qué preguntas?

_____

2 Quieres saber cuánto cuesta la habitación.

_____

3 Quieres saber si el uso de la piscina está incluido
en el precio.

_____

4 Quieres saber si el IVA está incluido en el precio.

_____

5 Quieres saber si se puede pagar con tarjeta de crédito.

_____

3 Read this email from María and answer the questions.

Querido Roberto:

Te escribo esta carta desde la habitación
de mi hotel en Córdoba. Mis amigos y yo
estamos de viaje por Andalucía.
El hotel es estupendo, tiene de todo:
restaurante, piscina, pistas de tenis... y
unas vistas preciosas.
Mañana vamos de excursión por el
barrio judío y visitamos la Mezquita.
Al día siguiente vamos a Sevilla, y
el último día tenemos una cena de
despedida en el restaurante del hotel.
Nos vemos a la vuelta.
Besos.

María

1 ¿En qué ciudad está María?

_____

2 ¿Qué opina María del hotel?

_____

3 ¿Qué instalaciones tiene el hotel?

_____

4 ¿Qué otra ciudad piensan visitar?

_____

Practica más 2

Unidades 3 y 4

1 Match up the questions and answers.

1 ¿Dónde trabaja Héctor? `c`
2 ¿A qué hora se levanta María? ☐
3 ¿Por qué te levantas temprano? ☐
4 ¿A qué se dedica Lucía? ☐
5 ¿Qué desayuna David? ☐
6 ¿Qué hacen ustedes después de comer? ☐
7 ¿Veis la tele por la tarde? ☐

a A las siete.
b Un café con leche y un bollo.
c En un hospital.
d Dormimos la siesta.
e Porque hago gimnasia antes de desayunar.
f No, solo por la noche.
g Es secretaria.

2 Write the correct form of the verb.

1 Acostarse, él _se acuesta._
2 Empezar, yo _____
3 Volver, tú _____
4 Levantarse, yo _____
5 Sentarse, Ud. _____
6 Ir, nosotros _____
7 Venir, yo _____
8 Salir, yo _____
9 Volver, nosotros _____
10 Ir, él _____
11 Empezar, ellos _____
12 Acostarse, yo _____
13 Dormir, ella _____
14 Venir, Ud. _____
15 Sentarse, yo _____
16 Ducharse, ellos _____
17 Volver, yo _____
18 Vivir, vosotros _____
19 Ser, ella _____
20 Despertarse, Uds. _____
21 Desayunar, tú _____
22 Tener, yo _____
23 Comer, nosotros _____
24 Practicar, vosotros _____

3 Fill in the gaps using the correct form of the verb in brackets.

Elena y Alberto

(vivir) (1) _viven_ en Barcelona. Alberto (ser) (2)_____ informático y trabaja en un banco. (Levantarse) (3)_____ a las siete de la mañana, (desayunar) (4)_____ y (salir) (5)_____ de casa a las siete y media. (Ir) (6)_____ a su trabajo en metro.
Elena (levantarse) (7)_____ a las ocho y (empezar) (8)_____ a trabajar a las nueve. (Ir) (9)_____ en coche porque la oficina está lejos de su casa.

Alberto (comer) (10)_____ en un restaurante y por la tarde (ir) (11)_____ a un gimnasio. Elena (salir) (12)_____ de trabajar a las cinco y (volver) (13)_____ a casa. Los martes y jueves (practicar) (14)_____ yoga. A las nueve y media (cenar, ellos) (15)_____ juntos, (ver) (16)_____ un poco la tele o (leer) (17) _____ y después (acostarse) (18) _____ .

4 Fill in the gaps with the prepositions.

de (x 3)   a (x 4)   en (x 2)   hasta

Raquel se levanta todos los días (1) _a_ las 8 (2)_____ la mañana. Toma un desayuno rápido y sale (3)_____ casa (4)_____ las ocho y media. Va a la oficina (5)_____ autobús. Solo trabaja media jornada, (6)_____ nueve (7)_____ tres. Vuelve a casa (8)_____ el coche de un compañero. Llega (9)_____ las tres y media, come y a las cuatro y media duerme la siesta (10)_____ las cinco.

5 Complete the sentences with true information about yourself.

1 Los días laborables yo me levanto _____ y desayuno _____.
2 Los sábados me levanto _____ y desayuno _____.
3 A mediodía como en _____.
4 Por la tarde _____.
5 Ceno a las _____ y después _____.

6 Match up the questions and answers.

1 ¿Cuántos dormitorios tiene tu casa? [g]
2 ¿Tienes jardín? [ ]
3 ¿Dónde está el ordenador? [ ]
4 ¿En qué piso vives? [ ]
5 ¿Dónde están los niños? [ ]
6 ¿Hay mucha gente en el cine? [ ]
7 ¿Qué estudias? [ ]
8 ¿Tienen habitaciones libres? [ ]

a Sí, delante de la casa.
b En el dormitorio.
c Están arriba, jugando.
d Medicina.
e En el tercero izquierda.
f Sí, claro, ¿cuántas necesita?
g Tres.
h No, hoy no hay mucha.

7 Complete the table.

1	el secretario	la secretaria
2	el	la dependienta
3		la presidenta
4	el recepcionista	
5	el cocinero	
6		la médica
7	el estudiante	
8	el	la periodista

8 Formulate the questions.

¿Dónde / hay / está / están...

~~el cuarto de baño?~~ • un supermercado?
la parada del autobús n.º 5?
una silla para sentarme? • la casa de Miguel?
una estación de metro? • los libros de Julia?

¿Dónde está el cuarto de baño?
_____
_____
_____
_____
_____
_____

9 Fill in the gaps with the words in the box.

*reserva   habitación   **doble**   por noche*
***habitaciones libres**   precio*

• Hotel Medina. ¿Dígame?
■ Hola, buenos días, ¿puede decirme si tiene _____ para Semana Santa?
• Sí, ¿qué desea, _____ o individual?
■ Dos individuales, si es posible, pero ¿qué _____ tienen?
• Son 60 euros _____ y por _____.
■ Muy bien, quiero hacer la _____.

A Comer fuera de casa

1 Look at the drawings and write the names of Amalia's and Juan's favourite foods.

Amalia

1 *judías verdes*
2 _____
3 _____
4 _____

Juan

1 _____
2 _____
3 _____
4 _____

2 Find the odd man out.

1 sopa, gazpacho, *merluza*, ensalada.
2 escalope, chuletas, pescado, flan.
3 arroz con leche, judías, fruta, helado.
4 espárragos, vino, cerveza, agua.
5 plátano, naranja, manzana, escalope.

3 Put the words in the correct order to make sentences. Then use them to complete the conversation in a restaurant.

1 postre / de / fruta del tiempo / dos / los / para.
   De postre, fruta del tiempo para los dos.
2 quiero / de / yo / primero / sopa de fideos.
   _____
3 merluza / segundo / quiero / de.
   _____
4 ensalada / yo / y.
   _____
5 yo / pues / pollo asado.
   _____
6 agua / beber / para / por favor.
   _____

CAMARERO: Buenas, ¿qué van a tomar de primero?
   JORGE: _____
   ANA: _____
CAMARERO: ¿Y de segundo?
   JORGE: _____
   ANA: _____
CAMARERO: ¿Qué quieren para beber?
   JORGE: _____
CAMARERO: ¿Y de postre?
   ANA: _____
CAMARERO: Gracias, señores.

B   ¿Te gusta el cine?

1 Look at Carmen's and Pablo's bedrooms. What do they like to do in their free time?

> esquiar • escuchar música clásica • escuchar rock
> montar en bicicleta • navegar por internet • ver la televisión
> hacer fotos • estar con animales • leer
> cuidar las plantas • ir al cine

Carmen

Pablo

1 A Carmen le gusta la música clásica.
2 A Pablo _____
3 A los dos _____
4 _____
5 _____
6 _____
7 _____
8 _____
9 _____
10 _____
11 _____

2 What hobbies do you share (or not) with Pablo and Carmen?

1 A mí _____
2 A mí no _____
3 _____
4 _____

3 Put the words in the correct order to make questions. Then answer them.

1 ¿a tus amigos / gusta / informática / les / la?
   ¿A tus amigos les gusta la informática?
   Sí, les gusta mucho. / No, no les gusta.
2 ¿ciclismo / a ti y a tu compañero / gusta / os / el?
   _____
   _____
3 ¿animales / te / los / gustan?
   _____
   _____
4 ¿ver / le / televisión / gusta / la / a tu amigo?
   _____
   _____
5 ¿el / terror / gusta / te / cine / de?
   _____
   _____
6 ¿paella / te / la / gusta?
   _____
   _____

4 Write sentences with the verb *gustar* and talk about your likes as in the example.

1 zumo de naranja
Me gusta / no me gusta el zumo de naranja.

2 los plátanos
_____

3 las verduras
_____

4 la leche
_____

5 los cacahuetes
_____

6 las patatas
_____

7 el café
_____

8 el té
_____

5 React depending on your likes using: *a mí también/tampoco* or *a mí sí/no.*

1 Me gusta mucho ir al cine.
_____

2 No me gusta nada la música latina.
_____

3 Me gustan las películas de ciencia ficción.
_____

4 No me gusta bailar.
_____

5 Me gusta leer libros de viajes.
_____

6 Me gusta ver partidos de fútbol en la tele.
_____

7 No me gusta comer en restaurantes.
_____

8 Me gusta ir de compras.
_____

C   Receta del Caribe

1 Complete the table with the imperative of the verbs.

INFINITIVO	IMPERATIVO	
	tú	**usted**
Hablar	*habla*	*hable*
Trabajar		
Comer		
Abrir		
Beber		

2 Complete the recipe using the imperative of the verbs in the box.

añadir   ~~lavar~~   servir   mezclar   cortar

1 <u>Lava</u> la lechuga y los tomates.
2 _____ las verduras en trozos pequeños.
3 _____ el atún a las verduras troceadas.
4 _____ el aceite, el vinagre y la sal en una taza.
5 _____ la ensalada mezclada con el aliño anterior.

ENSALADA MEDITERRÁNEA

Ingredientes
• Una lechuga.
• Dos tomates.
• Una cebolla pequeña.
• Una lata de atún.
• Aceite, vinagre y sal.

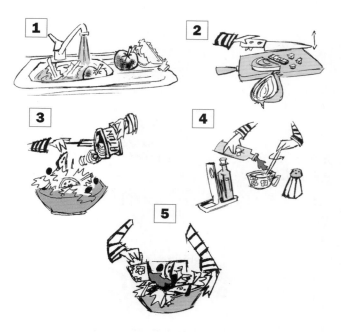

3 Complete the sentences with the imperative of the verbs in brackets.

CONSEJOS

Aprender a cocinar puede ser fácil y divertido, pero recuerda siempre lo siguiente:

1 _Prepara_ (preparar) todos los ingredientes, antes de empezar.

2 _____ (comprar) siempre productos de primera calidad.

3 _____ (elaborar) siempre un menú equilibrado.

4 _____ (usar) siempre aceite de oliva.

5 _____ (añadir) algún detalle imaginativo a tus platos.

6 _____ (recoger) bien la cocina, una vez terminado tu trabajo.

4 Put the items in the correct section of the menu.

helado • sopa de fideos • vino blanco
fruta • ensalada mixta • cerveza
merluza a la plancha • escalope de ternera
pollo asado • agua mineral • flan
chuletas de cordero • vino tinto • gazpacho
judías verdes con jamón

Restaurante Miramar

Menú del día **10 €**

Primer plato
_____
_____
_____

Segundo plato
_____
_____
_____
_____

Postre
_____
_____
_____

Bebidas
_____
_____
_____

5 Read and listen to the following text and then answer the questions.

LA DIETA MEDITERRÁNEA

¿En qué se basa esta cultura gastronómica? Se basa, principalmente, en el aceite de oliva, el pan y el vino. Con estos productos básicos se alimentan los pueblos mediterráneos desde hace más de cinco mil años.

Los países mediterráneos consumen como grasa principal el aceite de oliva, que favorece la disminución del colesterol. También consumen gran cantidad de pescados azules, legumbres y frutas, y menos carne.

Las primeras investigaciones sobre esta dieta se centran en Grecia y en España, donde se estudian las características de su cocina, sus ingredientes, técnicas de cocción, etc., y se llega a la conclusión de que la dieta de estos países es la ideal para mantener una buena salud.

1 ¿Cuáles son los alimentos básicos de la dieta mediterránea?

2 ¿Desde cuándo utilizan estos alimentos los pueblos mediterráneos?

3 ¿Por qué es bueno para la salud el aceite de oliva?

4 ¿Qué alimentos sustituyen a la carne en la dieta mediterránea?

5 ¿En qué países se basan las primeras investigaciones sobre esta dieta?

6 El barrio

1 Complete the dialogues using the correct tense of the verbs in the box.

> cambiar • tomar • ir • bajar

1 A Perdona, ¿cómo se _va_ de Moncloa a Goya?
   B Mira, _____ la línea 3 en dirección Legazpi, _____ en la primera estación, Argüelles, y allí _____ a la línea 4.

2 A Perdone, ¿cómo _____ de Sol a Nuevos Ministerios?
   B _____ la línea 2 en dirección Cuatro Caminos, allí _____ a la línea 6, es la primera estación

3 A Perdona, ¿cómo se _____ de Goya a Argüelles?
   B Es muy fácil, _____ la línea 4 y _____ en la última estación.

2 Complete using the following prepositions.

> a (al)   de   en   desde   hasta

1 Las estaciones _de_ metro abren _a_ las 6 _____ la mañana.
2 Quiero un billete _____ diez viajes.
3 ¿Cómo se va _____ la plaza Mayor?
4 _____ Argüelles _____ Metropolitano hay tres estaciones.
5 Yo voy _____ casa _____ trabajo _____ metro.
6 Maribel va _____ su trabajo _____ coche.
7 Luis, ¿puedes venir _____ mi oficina, por favor?
8 Mis vecinos salen _____ su casa _____ las 7.
9 Trabajo _____ las siete _____ la tarde.
10 _____ mi casa _____ la oficina tardo una hora.

3 🔊 7 Listen to the conversation and say if the statements are true (T) or false (F).

1 Beatriz está en su hotel. ☐
2 Marta trabaja lejos de la plaza de España. ☐
3 Marta espera a Beatriz en su trabajo. ☐

4 🔊 7 Listen again and mark the route they are talking about on the map.

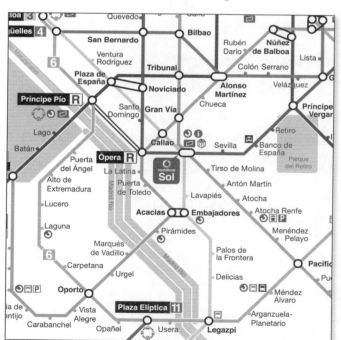

B Cierra la ventana, por favor

1 Match up the parts of the sentences.

1 Pon
2 Habla
3 Ven
4 Haz
5 Cierra
6 Pide
7 Enciende
8 Recoge
9 Tuerce
10 Sigue

a más despacio
b la cuenta
c la luz
d la puerta
e todo recto
f aquí
g la televisión
h los ejercicios
i la mesa
j a la derecha

2 Make the sentences from the previous exercise into questions.

1 *¿Puedes poner la televisión?*
2 _____
3 _____
4 _____
5 _____
6 _____
7 _____
8 _____
9 _____
10 _____

3 Complete the table.

INFINITIVO	PRESENTE	IMPERATIVO
cerrar	cierro	cierra
empezar		
encender		
seguir	sigo	sigue
pedir		
guardar	guardo	

4 Write in the imperative form.

1 Cerrar / el libro.
   Cierra el libro.
2 Empezar / a trabajar.
   _____
3 Encender / el ordenador.
   _____
4 Christian / sentarse allí.
   _____
5 Seguir / por aquí (Ud.).
   _____
6 Pedir / dinero / a tus padres.
   _____
7 Acostarse / pronto.
   _____
8 Levantarse ya / son las diez.
   _____
9 Darme / un vaso de agua.
   _____
10 Dejarme / tu coche.
   _____
11 Darme / su pasaporte (Ud.).
   _____

5 Jaime has to tidy his room. Write the instructions his mother gives him.

Guardar la ropa limpia en el armario.
Poner la ropa sucia en la lavadora.
Hacer la cama.
Colocar los libros en la estantería.
Poner los CD en su sitio.

1 *Guarda la ropa limpia en el armario.*
2 _____
3 _____
4 _____
5 _____

C Mi barrio es tranquilo

1 Write the correct letter in the boxes.

a   b   c   d

1 Está al lado del cuaderno gris grande y es de otro color. ☐

2 Está a la izquierda de otro cuaderno que también es pequeño. ☐

3 Es grande y está entre un cuaderno grande y uno pequeño. ☐

4 Es blanco y está a la derecha de un cuaderno gris. ☐

2 Complete with *es* or *está*.

ROSA: ¿Tu piso (1) <u>es</u> grande?

ANDRÉS: No, solo tiene 40 m², (2)_____ muy pequeño, pero me gusta porque (3)_____ en un barrio muy céntrico.

ROSA: ¿(4)_____ cerca del trabajo?

ANDRÉS: Sí, muy cerca. Solo tiene un problema: que mi calle (5)_____ muy ruidosa y no duermo bien por las noches. ¿Y tu piso, cómo (6)_____?

ROSA: Pues (7)_____ muy tranquilo y tiene mucha luz, me encanta. Pero tengo un problema: (8)_____ muy lejos del trabajo. Tardo casi una hora en llegar todos los días.

3 Write the opposite adjective.

1 largo   <u>corto</u>
2 rápido   _____
3 alto   _____
4 grande   _____
5 fácil   _____
6 ruidoso   _____
7 barato   _____
8 bonito   _____
9 ancho   _____
10 claro   _____
11 delgado   _____

4 Only two of these sentences are correct. Find the errors and correct them.

1 Salamanca <u>está</u> una ciudad muy bonita, tiene muchos monumentos importantes. <u>Es.</u>

2 Mi casa es en un barrio muy tranquilo y silencioso. _____

3 Este problema de matemáticas es muy difícil. _____

4 Roberto está rubio, delgado y bastante alto, está ahora en el colegio. _____

5 Fumar está malo para la salud. _____

6 Esa estación de metro es al lado de mi casa y la parada del autobús está enfrente. _____

7 Los alumnos son en la clase de historia. _____

8 ¿Está cerca de aquí la estación del metro? _____

9 Estos ejercicios no son bien. _____

10 ¿Es tu hermano en tu casa? _____

11 Mi correo electrónico es lleno. _____

12 La taza es vacía. _____

13 Mi hermano es en cama, porque es enfermo. _____

14 Este ejercicio no es bien. _____

15 Este libro está muy bueno. _____

5 Match up the elements.

a	tren	puerto
b	avión	aeropuerto
c	barco	parada
d	taxi	estación

6 Do the questionnaire.

ENCUESTA

1 ¿Qué medio de transporte utilizas normalmente?
- **a** metro ☐
- **b** autobús ☐
- **c** coche ☐
- **d** otro ☐

2 ¿Cuánto dinero gastas aproximadamente en transporte durante un mes?
- **a** 0-10 € ☐
- **b** 11-20 € ☐
- **c** más de 21 € ☐

3 ¿Qué medio de transporte prefieres para hacer viajes largos?
- **a** avión ☐
- **b** coche ☐
- **c** tren ☐
- **d** barco ☐

4 ¿Crees que el transporte público es...?
- **a** barato ☐
- **b** sucio ☐
- **c** cómodo ☐
- **d** rápido ☐

5 ¿Cuántos kilómetros andas al día aproximadamente?
- **a** 0-1 km ☐
- **b** 2-4 km ☐
- **c** 5-7 km ☐
- **d** más de 7 km ☐

7 Do you like Latin music? Listen to these musical rhythms, can you put a name to them?

a tango _____ **b** ranchera _____ **c** flamenco _____ **d** salsa _____

8 Complete the text with the following words.

ritmos cultura cantantes baila salsa canciones popular

MÚSICA LATINA

La música es un elemento muy importante de la (1) cultura hispanoamericana. En América se mezclan los (2)_____ indígenas con los africanos y con los que llevaron los españoles.

Además del tango, la ranchera o la (3)_____, son famosos el merengue, la cumbia, el bolero y, sobre todo, la bachata, que se (4)_____ en la República Dominicana y en muchos otros lugares del mundo. La bachata aparece en los pueblos pero en los años 70 se hace también muy (5)_____ en las ciudades.

Los temas de estas (6)_____ hablan casi siempre de amor y se acompañan de instrumentos de cuerda y percusión. Uno de los (7)_____ más famosos es Juan Luis Guerra.

9 After checking the text, say if the statements are true (T) or false (F).

1 El tango, la salsa y el flamenco son ritmos típicos de Hispanoamérica. ☐
2 La bachata nace en las ciudades. ☐
3 Las canciones de bachata suelen tratar de amor. ☐
4 La bachata se toca solo con un instrumento. ☐

Practica más 3

Unidades 5 y 6

1 Find the names of these foodstuffs in the wordfinder puzzle.

P	E	H	U	E	V	O	R	Q
L	I	M	O	N	M	Y	P	U
A	G	U	H	C	E	L	O	E
T	O	M	A	T	E	B	L	S
A	P	A	T	A	T	A	L	O
N	A	R	A	N	J	A	O	Z
O	P	J	A	M	O	N	R	X

2 Match up the ingredients and dishes.

1 arroz   a flan
2 huevo   b gazpacho
3 fideos   c tortilla
4 lechuga   d ensalada
5 tomate   e sopa
6 patatas   f paella
7 leche
8 aceite

3 Write the name of the leisure activity.

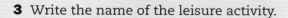

1

2

3

4

5

6

7

8

9

10

4 Look at the table and write the sentences accordingly.

	ANA	RAÚL
El cine	✓	✓
Ir de compras	✓	✗
La música clásica	✗	✓
Nadar	✗	✓
Leer	✓	✓
Andar	✗	✓
Viajar	✓	✓
Bailar	✓	✓
Internet	✓	✗
Las motos	✗	✗
Las plantas	✗	✓
El fútbol	✗	✓

1 *A Ana y a Raúl les gusta el cine.*
2 *A Ana le gusta ir de compras, pero a Raúl no.*
3 _____
4 _____
5 _____
6 _____
7 _____
8 A los dos _____
9 _____
10 _____
11 _____
12 _____

5 Which verbs are regular and which irregular? Write the imperative (tú form) of each of them.

terminar • empezar • hablar • abrir • venir
hacer • mirar • pasar • poner
cerrar • coger • dar • tomar • escribir
sentarse • comer • decir • volver

REGULAR VERBS	IRREGULAR VERBS
infinitivo / imperativo	infinitivo / imperativo
terminar / termina	*empezar / empieza*

6 Rewrite this text using the opposite adjectives and adverbs. Make any changes necessary for it to make sense.

> Yo vivo en una ciudad muy grande y ruidosa. Los edificios son muy modernos y altos. Las calles son anchas y hay muchos coches. El piso donde vivo es pequeño, y el alquiler caro, porque está cerca del centro. Hay muchas tiendas, pero son caras para mí.

Yo vivo en una ciudad muy pequeña _____
_____
_____
_____

7 Complete with the verb *ser* or *estar*.

1 Mi calle _es_ ancha y larga.
2 El piso de Enrique no me gusta porque _____ pequeño y _____ muy lejos del centro.
3 Estos pisos _____ demasiado caros.
4 La casa de mi abuela _____ en el barrio antiguo de Barcelona.
5 Comer verduras y pescado _____ muy bueno para la salud.
6 **A** Alberto, estos problemas _____ mal.
  B Es que _____ muy difíciles.
7 **A** Hola, Alicia, ¿qué tal _____?
  B Bien, gracias.
8 La parada del autobús _____ enfrente de mi casa.
9 Mis vecinos _____ de Venezuela.
10 Rodolfo _____ en Caracas de vacaciones.

8 Match up the questions and answers.

1 ¿Te gusta la carne? `e`
2 ¿Qué quieren de primero? ☐
3 ¿Y de postre? ☐
4 ¿Qué haces los domingos? ☐
5 ¿Puedes venir un momento? ☐
6 Siéntese, por favor. ☐
7 ¿Qué quieren beber? ☐
8 ¿Os gusta el cine? ☐

a Un flan, por favor.
b Voy a bailar.
c Vino tinto y agua.
d A mí sí, pero a él no.
e No mucho, prefiero el pescado.
f Sí, ahora voy.
g Gracias.
h Sopa de pescado y ensalada.

Salir con los amigos

A ¿Dónde quedamos?

1 🔊9 Put these conversations in order. Then listen and check.

1

MARÍA: ¿A qué hora te viene bien?

RICARDO: De acuerdo. ¡Hasta mañana!

MARÍA: No, mejor a las seis y media.

RICARDO: Lo siento, hoy no puedo, tengo que ir de compras con mi hermano. ¿Te parece bien mañana?

MARÍA: ¿Por qué no vamos a tomar algo después de trabajar?

RICARDO: ¿A las seis?

MARÍA: *¿Por qué no vamos a tomar algo después de trabajar?*

RICARDO:

2

DANIEL: ¿Y si nos tomamos un café antes?

CARMEN: No puedo, lo siento. Voy a cenar con unos amigos.

DANIEL: ¿Vamos al cine esta noche?

CARMEN: Bueno, de acuerdo. ¿Vamos al Café Central?

DANIEL: Estupendo. Nos vemos allí a las cinco.

DANIEL:

---

2 Imagine that you are Ricardo or Carmen. Give different reasons why you can't go out.

3 🔊10 Carolina and Pedro are at Radio Centro talking about their favourite entertainments. Listen to what they say and decide if the statements are true (T) or false (F).

1 A Pedro le gusta ir a los conciertos de rock. ☑
2 A Carolina le gusta la música moderna. ☐
3 No les gusta volver a casa andando. ☐
4 A Pedro le gustan los espectáculos musicales. ☐
5 A Carolina no le gusta la ópera. ☐
6 A ellos no les gusta ir al cine. ☐

4 Complete the following telephone conversations using the expressions in the box.

> *Ahora se pone* No está en este momento
> *¿De parte de quién?*

1 A ¿Dígame?
  B Buenas tardes, ¿está Ramón?
  A (1) _____
  B Soy Arturo.

2 A ¿Sí?
  B ¿Está Manuel?
  A Un momento. (2) _____

3 A ¿Diga?
  B *¿Está Vicente, por favor?*
  A (3) _____ ¿De parte de quién?

5 Match up the questions and answers.

1 ¿Y el domingo? ☐
2 Entonces, ¡hasta el domingo! ¿De acuerdo? ☐
3 ¿A qué hora quedamos? ☐
4 ¿Está Enrique? ☐
5 Vale. ¿Vamos en mi coche o en el tuyo? ☐
6 Soy Pilar. Te llamaba para ver si vienes este fin de semana a la sierra. ¿Qué te parece el sábado? ☐ d

  a Pues, podemos quedar a las 11.
  b Sí, soy yo.
  c Podemos ir en el mío.
  d No, ese día no puedo. Viene mi hermano a comer a casa.
  e De acuerdo, nos vemos el domingo.
  f Sí, ese día me viene bien.

6 Write the questions for these answers.

1 *¿Está Pilar?*
  No, Pilar no está. Está trabajando.

2 _____
  Puedes llamarla a las 3 de la tarde.

3 _____
  Lo siento, mañana no puedo ir al cine.

4 _____
  No, las seis es un poco pronto; mejor a las ocho.

5 _____
  (Quedamos) a las cinco.

6 _____
  (Quedamos) en la puerta de mi casa.

7 Read the text and say if the statements are true (T) or false (F).

La noche madrileña

Cerca de la Puerta del Sol nos encontramos con una de las zonas más populares de Madrid: la plaza de Santa Ana y la calle de las Huertas. Barrio de escritores como Cervantes, Lope de Vega o Quevedo, es en la actualidad una zona en la que se pueden encontrar al mismo tiempo teatros, cervecerías, bares de tapas, restaurantes y locales de copas, que están abiertos hasta altas horas de la noche.

Su ambiente es una mezcla de edades y procedencias, y es una buena opción si lo que quieres es disfrutar de la noche madrileña.

La plaza de Santa Ana es el punto de encuentro de gran cantidad de personas que luego se reparten por la calle de las Huertas y alrededores.

Plaza de Santa Ana

1 La Puerta del Sol está en Madrid. ☐
2 El barrio donde vivió Cervantes está cerca de la Puerta del Sol. ☐
3 Cervantes, Lope de Vega y Quevedo no vivieron en la misma ciudad. ☐
4 No hay restaurantes en la calle de las Huertas. ☐
5 En esta zona de Madrid se reúnen personas mayores y jóvenes. ☐
6 La gente queda a menudo en la plaza de Santa Ana. ☐

B ¿Qué estás haciendo?

1 Look at the painting entitled *Las meninas*. What are the people doing?

1 Velázquez *está pintando* (pintar).
2 Las meninas _____ (jugar) con la princesa.
3 La princesa _____ (mirar) al perro.
4 El perro _____ (descansar).
5 Los reyes _____ (ver) la escena.
6 Un hombre _____ (salir) de la habitación.

2 Underline the correct form of the verb.

1 Soy vegetariano. No *como* / estoy comiendo carne.
2 ¿Dónde está Juan? *Hace / Está haciendo* la comida.
3 ¿Qué periódico *lees / estás leyendo* últimamente?
4 Todas las mañanas *hago / estoy haciendo* deporte.
5 No te entiendo, no *hablo / estoy hablando* francés.
6 ¿Cuántos años *tienes / estás teniendo*?
7 Lo siento, no puede ponerse en este momento porque *duerme / está durmiendo*.
8 No podemos hablar con él ahora. *Trabaja / Está trabajando* en este momento.
9 Juan no está en la biblioteca. *Estudia / está estudiando* en casa de una amiga.

3 Complete the text with the correct form of the verb (present tense or *estar + gerundio*).

Pepa (1) *vive* (vivir) en Badajoz, pero en este momento (2)_____ (pasar) unos días en Barcelona con unos amigos. Esta semana Pepa y sus amigos (3)_____ (visitar) los monumentos más importantes de la ciudad.

Hoy, como hace buen tiempo, sus amigos (4)_____ (bañarse) en la playa. Barcelona (5)_____ (tener) unas playas preciosas, pero a Pepa no (6)_____ (gustar) la playa. Ella y su amiga Lara (7)_____ (ver) el Museo Picasso. Luego, por las noches todos juntos (8)_____ (cenar) en algún restaurante del puerto.

4 Put the words in the correct order.

1 para / me / un / preparando / examen / estoy.
   Me estoy preparando para un examen.
2 ¿haciendo / qué / ahora / estás?
   _____
3 un / comiendo / bocadillo / están.
   _____
4 haciendo / cena / estamos / la.
   _____
5 está / marido / trabajando / mi.
   _____
6 semana / mucho / esta / lloviendo / está.
   _____
7 están / película / mis / viendo / amigos / una.
   _____
8 estamos / y / Claudia / proyecto / nuevo / yo / trabajando / en / un.
   _____
9 cuarto / bañándose / las / en / niñas / el / están / de / baño / grande.
   _____
10 ¿qué / haciendo / los / están / su / niños / habitación / en?
   _____

5 What are they doing? Use the correct form of the verb and the appropriate reflexive pronoun.

1 María / lavarse la cara.
   María se está lavando la cara.

2 Luis / afeitarse.
   _____

3 Mi hermano / ducharse.
   _____

4 (yo) / peinarse.
   _____

5 Susana y Rosa / pintarse los labios.
   _____

6 Miguel / bañarse.
   _____

7 Mi hijo / peinarse.
   _____

8 (él) / cepillarse los dientes.
   _____

9 Mi madre / secarse el pelo en el cuarto de baño.
   _____

10 Mis hermanos / vestirse para ir al concierto.
   _____

C ¿Cómo es?

1 Are these statements about Velázquez's *Las meninas* true (T) or false (F)?

1 El pintor tiene el pelo corto. F
2 La infanta lleva gafas. ☐
3 Las meninas son rubias. ☐
4 Una menina es rubia. ☐
5 El pintor tiene barba y bigote. ☐
6 El pintor es calvo. ☐
7 La infanta es alta. ☐

2 Describe these two people using the words in the box.

> pelo largo • pelo rubio • barba
> pelo moreno • bigote • gafas
> joven • jóvenes • mayor • alto

Velázquez _____

La infanta Margarita _____

Las meninas _____

3 Write the opposites.

1 tacaño _____
2 _____ hablador
3 simpático _____
4 serio _____
5 _____ educado

4 What do you think these people are like? Use adjectives from the previous exercises.

El hombre: _____

La mujer: _____

De vacaciones

A Por favor, ¿para ir a la catedral?

1 Match up the questions and answers.

1 ¿Para qué vas a correos? ☐
2 ¿Para qué vas a la farmacia? ☐
3 ¿Para qué vas a la estación? ☐
4 ¿Para qué vas al estanco? ☐
5 ¿Para qué vas al mercado? ☐
6 ¿Para qué vas al quiosco? ☐

a Para comprar medicinas.
b Para comprar el periódico.
c Para coger el tren.
d Para comprar carne y pescado.
e Para enviar una carta.
f Para comprar sellos.

3 Write two more conversations like those in exercise 2.

1   A quiere ir a un parque.
  A _____
  B _____

2   A quiere ir al teatro.
  A _____
  B _____

3   A quiere ir a un restaurante.
  A _____
  B _____

2 Look at the street map and complete the conversations.

1 A Por favor, ¿para ir a la iglesia?
  B Gire la primera a la derecha y después tome la
  _____.

2 A ¿Puede decirme cómo se va a la estación de autobuses, por favor?
  B Siga todo recto y tome
  _____ y después gire por la segunda a la izquierda.

3 A ¿El hotel Colón, por favor?
  B Siga recto y tome
  _____ y
  _____
  _____.

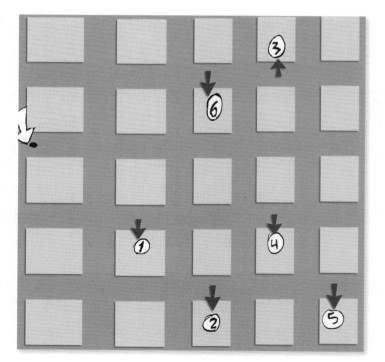

 1 Iglesia   **2** Estación de autobuses   **3** Hotel Colón   **4** Restaurante   **5** Parque   **6** Teatro

4 Complete the sentences with the prepositions in the box.

> **a** (x 4)   **en** (x 3)   **de** (x 6)   *hasta* (x 2)
> **al** (x 2)   *por* (x 2)

1 Hay una farmacia *en* la calle Santa Marta.
2 Para encontrar la estación, siga _____ el final _____ la calle.
3 El cine está _____ la derecha del restaurante.
4 La iglesia _____ San Juan es un edificio muy bonito.
5 Hay un hotel _____ la primera calle _____ la izquierda.
6 _____ la puerta del Sol hay una estación _____ metro.
7 El mercado está _____ lado _____ la estación _____ tren.
8 ¿Cómo se va _____ la plaza Mayor?
9 Vaya _____ la calle _____ Santo Domingo _____ llegar _____ cine Avenida.
10 Gire _____ la segunda _____ la derecha.

5 Read this poem and match up the drawings with the names.

La plaza tiene una ,
la tiene un ,
el tiene una ,
la , una blanca .

Ha pasado un ,

¿quién sabe por qué pasó?

y se ha llevado la plaza con su y
su , con su y su ,
su y su blanca .   ANTONIO MACHADO

a Dama	**b** Caballero	**c** Torre	**d** Balcón	**e** Flor
1	2	3	4	5

B   ¿Qué hizo Rosa ayer?

1 Complete the table.

INFINITIVO	PRETÉRITO INDEFINIDO	
	yo	él / ella
ver	vi	vio
ir	fui	
		comió
escuchar		
	leí	
empezar		
	estuve	
	jugué	
salir		
	viví	
nacer		
		trabajó

2 Match up the halves of the sentences. Then put the verb in A in the present and the one in B in the *pretérito indefinido*.

A.
1 Normalmente *trabajo* (trabajar) ocho horas al día, pero   [c]
2 Ana, normalmente, _____ (ir) en coche al trabajo, pero   [ ]
3 Mateo _____ (ver) la televisión por las noches, pero   [ ]
4 Ana y Mateo _____ (ir) a la playa los fines de semanas, pero   [ ]
5 Normalmente _____ (llover) mucho en invierno, pero   [ ]
6 Mateo y yo normalmente _____ (ir) de *camping* en agosto, pero   [ ]

B.
a el verano pasado _____ (estar) en un hotel.
b el fin de semana pasado _____ (jugar) al tenis.
c ayer *empecé* (empezar) a las 9 de la mañana y terminé a las 9 de la noche.
d el año pasado _____ (nevar) mucho.
e ayer _____ (ir) en autobús.
f ayer por la noche _____ (escuchar) música.

3 Complete the conversation with the *pretérito indefinido* of the verbs in brackets.

A Ayer fue mi cumpleaños. ¡Ya tengo 30 años!

B Vaya, ¡felicidades! ¿Dónde (1) *estuviste* (estar)?

A (2)_____ (ir) a un restaurante italiano con mis amigos.

B ¿Qué (3)_____ (comer / vosotros)?

A Todos (4)_____ (pedir) pasta.

B ¿Qué tal lo (5)_____ (pasar)?

A Nos lo (6) _____ (pasar) muy bien y nos (7)_____ (reír) mucho. ¿Cuándo es tu cumpleaños?

B (8)_____ (ser) ayer.

A ¡Anda! ¡Qué casualidad! ¡Muchas felicidades!

B ¡Gracias!

4 Look at Guillermo's diary. Put the words in order and answer the questions.

JUNIO

Miércoles Examen de español.

Jueves Llamar a Tomás.

Viernes Tomar el tren a las 11:30.

Sábado Cumpleaños de María.
Quedamos a las 5.

Domingo Al cine con Tomás.

Lunes Nota del examen.

Martes Ir al gimnasio.

1 ¿por / llamó / a / teléfono / quién / jueves / el?
_____

2 ¿tomó / qué / tren / el / día?
_____

3 ¿hora / tren / a / salió / qué / el?
_____

4 ¿fue / el / sábado / de / cumpleaños / quién / el?
_____

5 ¿hora / quedaron / qué / a?
_____

6 ¿fue / el / quién / cine / domingo / al / con?
_____

7 ¿la / examen / nota / cuándo / del / vio?
_____

8 ¿el / adónde / martes / fue?
_____

C ¿Qué tiempo hace hoy?

1 Complete with the words in the box. Then listen and check.

| avión • Más tarde • despedí • río • salieron • estuve • Después • Finalmente • cogí • hice |

UN PAÍS MARAVILLOSO

Desde niña, siempre deseé conocer la selva. Este verano (1) *estuve* en Perú, un país maravilloso.

Al día siguiente de mi llegada a Lima, (2)_____ un (3)_____ a Iquitos, preciosa ciudad tropical, como sacada de una película: los mototaxis, los mercados de fruta, las casas y el (4)_____ Amazonas.

(5)_____ entramos en la selva, dispuestos a pescar pirañas, bañarme en el Amazonas, comer plátano frito…

(6)_____, paramos en un pueblo en medio de la selva. En unos segundos un montón de niños (7)_____ de sus casas y me rodearon con sus rostros sonrientes.

(8)_____, me (9)_____ unas fotos con ellos y me (10)_____ muy contenta de llevarme un recuerdo auténtico del Amazonas.

2 Correct the statements in accordance with the text in the previous exercise.

1 Nunca deseé conocer la selva.
_____

2 Al tercer día nos marchamos a Iquitos.
_____

3 En Iquitos vimos el río Paraná.
_____

4 En el Amazonas se pescan tiburones.
_____

5 En la selva no nos bañamos en el río.
_____

6 En el pueblo de la selva conocimos a un grupo de jóvenes.
_____

7 No me llevé ningún recuerdo del Amazonas.
_____

8 No me hice fotos con los niños.
_____

3 What was the weather like in South America yesterday?

	Perú	**México**	**Argentina**	**Brasil**
Ayer	viento y lluvia	calor y nublado	frío	nublado y lluvia
Hoy	frío y nieve	lluvia	viento	frío y viento

Ayer en Perú hizo viento y llovió. Hoy hace frío y nieva.

1 _____
_____

2 _____
_____

3 _____
_____

4 Read the following advert in a travel magazine and answer the questions.

VIAJE A MÉXICO

Datos básicos
Población: unos 118 millones de habitantes.
Moneda: peso mexicano (1 € = 17 pesos).
Documentación: pasaporte.

Cuándo ir
Los mejores meses del año son de octubre a mayo.

Cómo llegar
Vuelos directos diarios con Iberia y Aeroméxico.

Visitas imprescindibles
Ciudad de México: el Museo Nacional y las pirámides de Teotihuacán.
Oaxaca: ruinas de Monte Albán.
Chiapas: pirámides mayas.
Playas de Cancún.

Información: www.visitmexico.com

1 ¿Cuántos habitantes tiene México?
_____

2 ¿Cuántos pesos mexicanos puedes comprar con 300 €?
_____

3 ¿Qué compañías tienen vuelo directo todos los días desde España?
_____

4 Di seis buenos meses para ir a México.
_____

5 ¿Dónde están las pirámides de Teotihuacán? ¿Y las pirámides mayas?
_____

6 ¿Si vas a México tienes que llevar el bañador? ¿Para qué?
_____

Practica más 4

Unidades 7 y 8

1 Answer using *estar* + *gerundio*.

1 **A** Hola, Pablo, ¿qué haces?
  B Nada especial, <u>*estoy viendo*</u> una peli en internet. (ver)

2 **A** ¿Dónde está Javier?
  B En su habitación, _____ porque mañana tiene un examen. (estudiar)

3 **A** Luis, ¿tienes café hecho?
  B No, ahora mismo lo _____. (hacer)

4 **A** ¿Y tus hijos, a qué _____? (jugar)
  B _____ al fútbol en el parque. (jugar)

5 **A** ¿Y tu marido, dónde está?
  B No lo sé, creo que _____ el periódico. (leer)

6 **A** ¿Tu madre no viene con nosotras?
  B No puede, _____ la comida para todos. (hacer)

7 **A** ¿Y Clara, qué está haciendo, no la oigo?
  B Tranquilo, _____. (dormir)

8 **A** Hola, ¿está Carlos?
  B Sí, pero en este momento _____. (ducharse)

2 Complete the text using the correct tense of the verbs in the box. (Present or *estar* + *gerundio*).

> enseñar • estar • hablar • gustar
> ir • comentar • preguntar • ~~comprar~~

Hoy es el cumpleaños de Beatriz, y Amanda (1) <u>*está comprando*</u> un regalo para ella. Está en una librería y (2)_____ con el dependiente. Amanda le (3)_____ sobre libros de cine y el dependiente le (4)_____ las últimas novedades. Amanda y Beatriz (5)_____ al cine todos los fines de semana. A la salida (6)_____ la película. A veces no (7)_____ de acuerdo porque a Amanda (8)_____ el cine de terror y a Beatriz no.

3 Complete the sentences using the *pretérito indefinido* of the verbs in the box.

> *viajar* volver **vivir** *ganar* **estar** irse
> ~~tocar~~ dejar **comprar** alojarse

1 A Patricia le <u>tocó</u> la lotería.
2 Ella _____ mucho dinero.
3 Ella y sus amigos _____ de viaje.
4 (Ellos) _____ en avión.
5 (Ellos) _____ en el Caribe.
6 (Ellos) _____ en un hotel en la playa.
7 Todos _____ una experiencia inolvidable.
8 Patricia no _____ a casa hasta un mes después.
9 Patricia no _____ su trabajo.
10 Patricia _____ otro billete de lotería.

4 Complete the interview using the *pretérito indefinido* of the verbs in brackets.

TV1: A usted le (1) <u>tocó</u> (tocar) la lotería el año pasado. ¿Cómo lo (2)_____ (celebrar)?

PATRICIA: Primero (3)_____ (llamar) a mi amiga Marisa.

TV1: ¿Cómo (4)_____ (gastar) el dinero?

PATRICIA: Me (5)_____ (ir) de compras y (6)_____ (comprar) regalos para todos mis amigos. Y la semana siguiente la (7)_____ (pasar) todos en una playa del Caribe.

5 Complete with the correct adjective from the pairs of opposites.

> serio/a • alegre
> tacaño/a • generoso/a
> hablador/a • callado/a
> antipático/a • simpático/a
> maleducado/a • educado/a

1 Ricardo gasta muy poco dinero. Nunca invita a sus amigos. Es un _____.
2 Nadie quiere ser su amigo. Es muy _____.
3 Nunca se ríe. Siempre está _____.
4 Manuel nunca saluda por la mañana. Es un _____.
5 Pilar no para de hablar. Es muy _____.
6 A mi hermana le gusta ayudar a los demás. Es muy _____.
7 Siempre cuenta cosas divertidas. Es muy _____.
8 Habla muy poco. Es muy _____.
9 Alejandro siempre da las gracias. Es un chico muy _____.

6 Write the opposites.

1 pelo largo / pelo _____
2 ojos oscuros / ojos _____
3 mayor / _____
4 delgado / _____
5 baja / _____
6 pelo rizado / pelo _____

7 Look at the weather map for South America and say what the weather is like in the numbered capitals.

1 <u>*En Caracas hace calor.*</u>
2 _____
3 _____
4 _____
5 _____
6 _____

8 Find the twelve months of the year in this wordfinder puzzle.

A	M	A	R	Z	O	B	F	C	O
B	A	C	L	I	S	E	D	L	C
N	Y	Z	O	Q	B	A	A	M	T
A	O	R	T	R	A	N	G	J	U
B	P	V	E	N	E	R	O	U	B
R	S	R	I	T	F	U	S	N	R
I	O	S	V	E	X	N	T	I	E
L	N	P	R	D	M	P	O	O	T
D	I	C	I	E	M	B	R	E	F
S	E	P	T	I	E	M	B	R	E
U	A	C	J	U	L	I	O	E	H
N	O	V	I	E	M	B	R	E	O

A ¿Cuánto cuestan estos zapatos?

1 Complete these conversations with the missing words.

1

A ¿Puedo ayudarla?

B Sí, ¿(1) *cuánto* cuestan estos pendientes?

A 20 euros.

B ¿Y esos de ahí, los azules?

A Esos están rebajados, (2)_____ 15 euros.

B Me los (3)_____ .

A ¿Va a pagar en efectivo o (4)_____?

2

A Buenos días. ¿Cuánto (1)_____ la falda roja del escaparate?

B (2)_____ 40 euros.

A ¿Puedo (3)_____?

B Sí, claro, los probadores están al final del pasillo. (…)

B ¿Qué tal le (4)_____?

A Pues no me (5)_____ mucho, lo siento, no me la (6)_____.

3

A Mira esa camiseta verde, solo (1)_____ 10 euros.

B Me (2)_____ más esta, ¿por qué no te la pruebas?

A Vale… A ver… ¿Cómo me (3)_____?

B Fenomenal.

A ¿(4)_____ cuesta?

B Da igual, yo te la regalo.

2 🔊12 Listen and check your answers.

3 Ask questions as in the example using the pronouns *la, lo, las, los*.

1 Yo no traigo el diccionario.
 ¿Tú lo traes?
2 Yo no veo esas películas.
 ¿Tú _____?
3 Yo no compro esos libros.
 ¿Tú _____?
4 Yo no conozco a la tía de David.
 ¿Tú _____?
5 Yo no leo el periódico.
 ¿Tú _____?
6 Yo no uso el ordenador de la escuela.
 ¿Tú _____?
7 Yo no utilizo el transporte público.
 ¿Tú _____?

4 Complete the sentences using the pronouns in the box.

> *me* te **lo (x 2)** la **os (x 2)** *nos* **los** las

1 ¿Por qué no *me* escuchas?
2 Allí está María, ¿_____ ves?
3 ¿Dónde están mis zapatos? No _____ veo.
4 A ¿Conoces al profesor nuevo?
 B No, no_____ conozco.
5 A ¿Dónde están los niños?
 B No _____ sé.
6 ¿Venís a la cafetería? Yo _____ invito.
7 Isabel, _____ (a ti) espero en la puerta del cine.
8 A ¿_____ (a nosotros) invitas a tu cumpleaños?
 B Sí, _____ espero a las 7.
9 A ¿Cómo están tus hermanas?
 B Muy bien, _____ vi ayer.

B Mi novio lleva corbata

1 Find the items of clothing in this wordfinder puzzle.

2 Fill in the missing letters.

En el departamento de objetos perdidos de estos grandes almacenes tenemos:

1 un moneder__ marrón,
2 una carpet__ negr__,
3 unos guantes gris__ __,
4 unas gaf__ __ roj__ __, muy modern__ __,
5 una pelot__ amarill__ .
6 unos bolígrafos azul__ __.
7 un paraguas ros__,
8 unos calcetines verd__ __ y
9 una bufand__ naranj__.

3 Write the opposite adjectives.

1 barato _____   3 corto _____   5 sucio _____   7 oscuro _____
2 antiguo _____   4 cómodo _____   6 ancho _____   8 grande _____

4 Complete the text using the words in the box.

vaqueros gasta *favorito* cómoda **compras** zapatos **elegante** bonitos

Carmen tiene 46 años y es funcionaria, trabaja en el Ministerio de Asuntos Exteriores. No (1) _____ mucho dinero en comprar ropa. Suele ir de (2) _____ dos veces al año, una antes de las vacaciones de verano y otra al principio del invierno. Le gusta la ropa (3) _____ y moderna, no muy formal. Prefiere llevar pantalones (4) _____, camisetas o camisas de algodón y (5) _____ muy cómodos. Cuando va a una fiesta o a un sitio especial prefiere algo más (6) _____: un vestido o unos pantalones (7) _____. Su color (8) _____ es el negro, aunque también le gustan mucho el rojo y el naranja.

C   Buenos Aires es más grande que Toledo

1 Write a sentence with the same meaning.

1 Estos vaqueros son más caros que aquellos.
Aquellos vaqueros son más baratos que estos.
2 Juanjo es mayor que yo.
_____
3 El coche de Ramón es peor que el de Miguel.
_____
4 El sillón es más cómodo que la silla.
_____
5 Lleva la falda más larga que el abrigo.
_____
6 Raquel tiene menos libros que nosotras.
_____
7 Mi coche es más viejo que el tuyo.
_____

2 Complete the sentences.

1 Est_e_ vestido es muy cort_____.
2 Es_____ clase es pequeñ_____.
3 Es_____ coches son nuev_____.
4 Aquell_____ chicas están cansad_____.
5 ¿Cuánto cuesta est_____ falda roj_____?
6 ¿De quién es est_____ libro?
7 A ¿Es_____ botas son car_____?
   B Sí, pero mira, aquell_____ son más barat_____.
8 A Es_____ pantalones son muy lar_____.
   B Sí, aquell_____ son más cort_____.
9 Est_____ pendientes están rebajad_____.
10 Es_____ bolso es bonit_____ y barat_____, pero aquel es car_____ y bastante más fe_____.

3 Complete the text using the comparatives in the box.

> *menos* **tan** *mayor* ~~mejor~~ *más (x 2)*

¿Dónde te gusta ir de vacaciones?

ÁNGEL: Es (1) <u>mejor</u> ir a la playa que a la montaña.

SUSANA: ¿Por qué? Yo prefiero la montaña, así las vacaciones son (2)_____ tranquilas.

ÁNGEL: Sí, en la montaña hay (3)_____ gente pero también es mucho (4)_____ aburrido. ¿Adónde vas por las noches? ¿Y qué haces durante el día? No hay nada (5)_____ relajante como tumbarse un día entero al sol y bañarse en el mar de vez en cuando.

SUSANA: Dormir poco y tomar mucho el sol es muy malo para la piel. ¿Sabes?, creo que por eso tú pareces mucho (6)_____ que yo. Mira, no tengo ni una arruga.

4 Where do you prefer to go on holiday? Write a few lines explaining why.

A mí me gusta mucho ir a la playa porque…
Yo prefiero ir a la montaña…

5 Read the text and fill in the gaps using the words in the box.

> lugar • después • ~~noroeste~~ • empezó
> catedral • es • mirar
> ambiente • postre • hay • encontrar • que

SANTIAGO DE COMPOSTELA

Es la capital de la comunidad autónoma de Galicia. Es el final del "Camino de Santiago".

Santiago de Compostela, capital de la comunidad autónoma de Galicia, es el final del "Camino de Santiago". Situada en el (1) <u>noroeste</u> de España, en la Edad Media fue un (2)_____ muy famoso, fue la tercera ciudad de la cristiandad, (3)_____ de Jerusalén y Roma.

En la plaza del Obradoiro se encuentra la (4)_____, una obra maestra que se (5)_____ a construir en el siglo XII (pórtico de la Gloria) y se reformó en el siglo XVII (fachada barroca del Obradoiro). (6)_____ un placer pasear por la parte antigua, tomar tapas y vinos, (7)_____ las tiendas de artesanía o de dulces típicos.

La ciudad tiene un (8)_____ muy animado, gracias a los turistas y, sobre todo, a los estudiantes (9)_____ estudian en su famosa universidad. Es fácil (10)_____ alojamiento en hoteles, pensiones, hostales, etc., y también (11)_____ muchas posibilidades de disfrutar la comida gallega. Los platos más típicos son el caldo gallego, el pulpo "a feira", la empanada gallega rellena de carne o pescado, los pimientos de Padrón y, de (12)_____, la rica tarta de Santiago.

10 Salud y enfermedad

A La salud

1 Look at the drawing and write the names of the parts of the body..

pecho • cuello • pelo • oreja • ojos
cara • hombro • brazo • mano • dedos
~~rodilla~~ • pie • pierna

1 _rodilla_____
2 _____
3 _____
4 _____
5 _____
6 _____
7 _____
8 _____
9 _____
10 _____
11 _____
12 _____
13 _____

2 Find the odd man out.

1 ojos, dientes, bigote, _dedos._
2 hombro, mano, oreja, dedos.
3 rodilla, cara, pierna, pie.
4 pie, cara, cuello, pelo.
5 brazo, mano, dedos, ojos.
6 pecho, hombro, rodilla, cuello.

3 Complete the crossword. Number 1 is down, the others are across.

CRUCIGRAMA

1 Oyes con ellas: _____
2 Te lo puedes afeitar: _____
3 Los usas para abrazar: _____
4 Te los lavas después de comer: _____
5 Los cierras cuando duermes: _____
6 Te las lavas antes de comer: _____
7 En ellos te pones los anillos: _____

4 Put the following conversation between Sonia and Alfonso in the correct order

SONIA: Seguro que mañana estás mejor. ☐

SONIA: ¿Estás tomando algo? ☐

SONIA: ¿Qué te pasa Alfonso? ¿Te encuentras bien? [1]

SONIA: ¿Por qué no te tomas una aspirina y descansas? ☐

ALFONSO: Sí, es lo mejor, porque mañana tengo mucho trabajo. ☐

ALFONSO: No, no muy bien. Tengo fiebre. ☐

ALFONSO: No, de momento no. ☐

5 🔊 13 Listen and check.

6 Complete the following sentences using the verb *doler*.

1 ¡Baja la música! A papá *le duele* la cabeza.
2 A Juan y a Carmen _____ la espalda.
3 No puedo cenar porque _____ el estómago.

4 Mi hermana va mañana al dentista porque _____ las muelas.
5 ¿Y a ti qué _____?
6 Hemos caminado mucho y ahora _____ las piernas.

B Antes salíamos con los amigos

1 Match up the parts of the sentences and complete in the *pretérito imperfecto* tense.

1 Ahora trabajo en una oficina, ☐d
2 Ahora vamos al cine, ☐
3 Ahora Juan viene los martes a clase, ☐
4 Ahora compro el periódico, ☐
5 Ahora me gusta la música clásica, ☐
6 Ahora haces la comida, ☐

a antes _____ los jueves.
b antes _____ la cena.
c antes _____ revistas.
d antes *trabajaba* en un restaurante.
e antes _____ el rock.
f antes _____ al teatro.

2 Complete the sentences with a verb from the box in the *pretérito imperfecto* tense.

vivir tener (x 2) ir (x 2) trabajar tocar (x 2)
ser (x 2) escalar leer existir

1 Antes de venir a Madrid, *vivíamos* en Vigo.
2 Cuando Mercedes _____ 14 años, siempre _____ en bicicleta.
3 Ahora es recepcionista, antes _____ como camarero.
4 Antes _____ muy mal la guitarra, ahora tengo un profesor particular y lo hago mejor.
5 Julia y Jorge, cuando _____ jóvenes, _____ el piano.
6 De pequeño _____ a la escuela en el autobús con otros niños.
7 Cuando _____ jóvenes, mi marido y yo _____ con un grupo de montaña.
8 Antes, mi hijo _____ una moto y _____ muchas revistas de motociclismo.
9 Hace cincuenta años no _____ los teléfonos móviles.

3 Complete the following interview using the verb in brackets in the *pretérito imperfecto* tense.

MARCOS CURIEL cumple 95 años el próximo 14 de noviembre.

ENTREVISTADOR: ¿Tiene amigos de su edad?
MARCOS: Tengo algunos amigos más jóvenes. (1) *Tenía* (tener) uno de mi edad, pero murió a los 90 años.
ENTREVISTADOR: ¿Es el mundo ahora muy diferente?
MARCOS: Todo está muy cambiado. Antes todos nosotros (2)_____ (vivir) más tranquilos y ahora la gente corre demasiado.
ENTREVISTADOR: Cuando (3)_____ (ser) niño no (4)_____ (haber) televisión, ni radio…
MARCOS: No, nosotros no (5)_____ (tener) nada de eso.
ENTREVISTADOR: ¿Qué es lo que más recuerda de su infancia?
MARCOS: Me acuerdo de cuando yo (6)_____ (ir) a ayudar a mi padre. Él (7)_____ (ser) barbero y (8)_____ (atender) a mucha gente.
ENTREVISTADOR: ¿Cuál es el secreto para llegar a los noventa y cinco años?
MARCOS: Cuando mi familia y yo (9)_____ (vivir) en Trujillo (10)_____ (tomar) muchos alimentos naturales, leche recién ordeñada y patatas recogidas del campo.

4 Read the interview with Marcos and answer the questions.

1 ¿Cuántos años tenía su amigo cuando murió?

_____

2 Según Marcos, ¿cómo vivía la gente antes?

_____

3 ¿Qué cosas no tenía Marcos cuando era niño?

_____

4 ¿Dónde vivía Marcos con su familia?

_____

5 ¿En qué trabajaba el padre de Marcos?

_____

6 ¿Qué comían Marcos y su familia?

_____

C Voy a trabajar en un hotel

1 Match up the questions and answers.

1 ¿Para qué vas a aprender español? [c]
2 ¿Cuándo se va a casar Pedro? □
3 ¿Cuántos días van a estar? □
4 ¿A qué hora vamos a quedar? □
5 ¿Qué carrera vas a estudiar? □
6 ¿Adónde vais a ir de viaje de novios? □

a A las ocho y media.
b En abril.
c Porque quiero viajar a España.
d A la isla de Fuerteventura
e Tres o cuatro.
f Medicina.

2 What are these people's plans for the weekend?

1 Juan / lavar el coche.
Juan va a lavar el coche.
2 Yo / llamar a mis amigos.

3 Ana / cenar con Pedro.

4 María y Alberto / pintar su casa.

5 Tomás y yo / arreglar nuestras bicicletas.

6 ¿(Tú) / ir a la piscina?

7 ¿(Vosotros) / venir a comer?

8 ¿Tu hermano / correr la maratón de Atenas?

9 Mis amigos / no ver el partido en casa. (ellos) / ver en un bar.

10 ¿(Tú) / hacer obra en la cocina?

3 Complete the conversation.

ROSA: ¡Hola, Pablo! Soy Rosa. ¿Qué vas a hacer este sábado?
PABLO: Tenemos un examen el lunes, y Elena (1)_____ (venir) a estudiar a mi casa.
ROSA: ¿Y el domingo?
PABLO: El domingo por la mañana Ángel y yo (2)_____ (ver) una exposición y por la tarde (3)_____ (jugar) a los bolos. ¿Te vienes?
ROSA: El domingo por la mañana yo no (4)_____ (poder) porque (5)_____ (lavar) el coche, pero nos vemos por la tarde.
PABLO: ¡Estupendo! ¡Hasta el domingo!

4 Match up each country with an activity.

1 Estados Unidos □
2 Moscú □
3 Egipto □
4 España □
5 Río de Janeiro □
6 Kenia □
7 Grecia □
8 París □
9 Roma □
10 Londres □

a Escuchar flamenco.
b Visitar las pirámides.
c Pasear por la plaza Roja.
d Bañarse en las playas de Copacabana.
e Hacer fotos a los leones.
f Navegar por el Támesis.
g Volar sobre el Gran Cañón.
h Conocer las islas griegas.
i Conocer el Coliseo.
j Admirar la Gioconda.

5 Say what these people are going to do on their holidays.

1 David / Kenia
David va a hacer fotos a los leones.

2 Pedro / Estados Unidos.
_____

3 Alberto y Pablo / Moscú
_____

4 Yo / Egipto
_____

5 Tú / España
_____

6 Tu novia y tú / Río de Janeiro
_____

7 Nosotros / Grecia
_____

8 Mis padres / París
_____

9 Pablo y María / Roma
_____

10 Tu amigo Pedro / Londres
_____

6 Read the text and say if the statements are true (T) or false (F).

¡REFORME SU CASA!

¿Necesita su casa una reforma? Todas las semanas la revista *Su Casa al Día* va a sortear un premio de 10 000 euros entre nuestros lectores para reformar su casa y su mobiliario. Esta semana la ganadora es la señora Ruiz, que nos va a contar sus planes de reforma.

ENTREVISTADORA: ¿Qué va a hacer con el dinero, señora Ruiz?

SRA. RUIZ: Lo primero que voy a hacer es pintar toda la casa. Voy a poner distintos colores en cada habitación.

ENTREVISTADORA: ¿Qué piensa su familia?

SRA. RUIZ: Están todos de acuerdo. Ellos van a elegir el color de cada habitación.

ENTREVISTADORA: ¿Y qué va a hacer con los muebles?

SRA. RUIZ: Voy a cambiar los muebles viejos y también uno o dos electrodomésticos.

ENTREVISTADORA: ¿Va a hacer algo más?

SRA. RUIZ: Si me sobra dinero, vamos a comprar un televisor con una pantalla muy grande, como de cine.

ENTREVISTADORA: Es una idea excelente. ¡Que lo disfruten, Sra. Ruiz!

1 La Sra. Ruiz va a recibir una herencia de 10 000 euros. [F]
2 Se va a gastar el dinero en un viaje. [ ]
3 Va a pintar las paredes de colores. [ ]
4 La familia no está de acuerdo con la reforma. [ ]
5 Los hijos van a elegir los colores de las habitaciones. [ ]
6 Con el dinero restante van a comprar una televisión. [ ]

Practica más 5

Unidades 9 y 10

1 Replace the noun with a pronoun as in the example.

> Dame _el libro_. / Dámelo.

1 El domingo vi el partido por la televisión.
_____ vi con mis amigos.

2 Ayer me compré unos zapatos.
Me _____ compré en mi barrio.

3 Leí las revistas que compraste.
_____ leí ayer por la tarde.

4 Enviaron las cartas a sus familiares.
_____ enviaron por correo urgente.

5 Todos los días llevo corbata.
_____ llevo para trabajar.

6 Me compré unos pantalones cortos.
_____ compré para ir al campo.

2 Choose the correct adjective from each pair.

> claro/a • oscuro/a
> moderno/a • antiguo/a
> largo/a • corto/a
> caro/a • barato/a
> ancho/a • estrecho/a
> grande • ~~pequeño/a~~
> limpio/a • sucio/a

1 Ese niño no sabe andar.
Es muy _pequeño._

2 No me lo puedo comprar.
Es muy _____.

3 Esa camisa azul es casi negra.
Es muy _____.

4 No tengo tiempo de limpiar.
La casa está muy _____.

5 La película duró demasiado.
Fue muy _____.

6 El armario tiene más de cien años.
Es muy _____.

7 Mi coche no cabe en ese aparcamiento. Es muy
_____.

3 Choose the correct option.

> Andrés es más alto _que_ su hermano.
> **a)** ~~que~~   **b)** más   **c)** tan

1 Mi coche nuevo es _____ que el antiguo.
a) tan   **b)** como   **c)** mejor

2 Las habitaciones de Elena y Rosa son iguales.
La habitación de Elena es _____ grande como la de Rosa.
a) tan   **b)** que   **c)** más

3 La silla es _____ cómoda que el sillón.
a) tan   **b)** menos   **c)** menor

4 Elisa es más simpática _____ su compañera.
a) como   **b)** peor   **c)** que

5 La mesa de madera no es tan antigua _____ la de hierro.
a) como   **b)** que   **c)** menos

6 Luis tiene tres años menos que Nacho. Nacho es _____ que Luis. Luis es _____ que Nacho.
a) mayor   **b)** menor   **c)** como

7 Las notas de Carlos son muy malas. Son _____ que las de su hermana.
a) mejor   **b)** peor   **c)** peores

8 La película del sábado es muy aburrida. Es _____ que la de la semana pasada.
a) mala   **b)** peor   **c)** más

9 Juan tiene mucho tiempo libre. Está _____ ocupado que yo.
a) tan   **b)** menos   **c)** como

10 Esta tienda es muy barata. Tiene _____ precios que las otras.
a) buenos   **b)** malos   **c)** mejores

11 Mi amigo ha ganado la Olimpiada de Matemáticas. Es el _____ .
a) más   **b)** mayo   **c)** mejor

4 Complete the tables with the *pretérito imperfecto* tense of the verbs.

	DIBUJAR	COMER	DECIR
Yo	dibujaba		
Tú		comías	
Él			decía
Nosotros			
Vosotros			
Ellos			

	IR	SER
Yo		
Tú		
Él		
Nosotros		éramos
Vosotros	ibais	
Ellos		

5 Complete the sentences using the *pretérito imperfecto* tense of the verbs in the box.

> *beber conducir ir (x 2) venir estar*
> *jugar ser tener montar salir vivir*

1 Luis y Antonio antes <u>vivían</u> en Alemania.
2 Cuando Juan _____ pequeño _____ al colegio conmigo.
3 Nosotros antes _____ mucho café.
4 Cuando no _____ hijos, Elena y Emilio _____ mucho con sus amigos.
5 De pequeños mi hermano y yo _____ a la playa con nuestros padres.
6 Cuando mi abuelo _____ a mi casa, _____ conmigo al dominó.
7 Cuando nosotros _____ en el pueblo, _____ en bicicleta.
8 Antes _____ muy deprisa, pero ahora voy más tranquilo por la carretera.

6 Order the words to make correct questions and then answer them in the light of Juan's plans for next year.

> **Mis planes para el próximo curso**
>
> • Conocer Argentina y Uruguay.
> • Ir al gimnasio martes y jueves.
> • Comprar un coche nuevo.
> • Vacaciones con Nieves y Lucía.
> • Fiesta de cumpleaños (28 de febrero).
> • Tenis con Miguel en la Casa de Campo.
> • Pasar la Semana Santa en Londres.

1 ¿va / Juanjo / a / qué / conocer / países?
   <u>¿Qué países va a conocer Juanjo?</u>
   <u>Juanjo va a conocer Argentina y Uruguay.</u>
2 ¿a / amigos / al / Juanjo / y / gimnasio / cuándo ir / van / sus?
   _____
   _____
3 ¿comprar / va / se / qué / a?
   _____
   _____
4 ¿va / pasar / quién / vacaciones / con / a / las?
   _____
   _____
5 ¿organizar / qué / va / fiesta / a / una / día?
   _____
   _____
6 ¿tenis / a / dónde / jugar / al / van / Juanjo y Miguel?
   _____
   _____
7 ¿Semana / va / a / la / Santa / pasar / dónde?
   _____
   _____

Transcripciones

UNIDAD 1

C ¿Cuál es tu número de móvil?

4 Pista 1

1 **A** ¿Su nombre, por favor?
B Manuel González Romero.
A Muy bien. ¿De dónde es usted, señor González?
B Soy español, de Valencia.
A ¿Vive en Valencia?
B No, ahora vivo y trabajo en Madrid.
A ¿A qué se dedica usted?
B Soy economista.
A Muy bien. ¿Y cuál es su número de teléfono?
B Es el 9 1 6 5 4 3 2 0 1.
A Muchas gracias.

2 **A** Isabel, ¿cómo te llamas de apellido?
B Jiménez Díaz
A ¿Jiménez con g o con j?
B Con jota.
A ¿Y en qué trabajas?
B Soy profesora de alemán.
A ¿Eres española?
B No, soy argentina, pero ahora vivo acá en Madrid.
A Muy bien, ¿me dices tu número de teléfono?
B Sí, es el 6 5 6 7 8 9 8 2 3.
A ¿Y tu correo electrónico?
B Isabel.j@yahoo.com
A Gracias.

UNIDAD 2

C ¿Qué hora es?

3 Pista 2

En mi país la gente desayuna a las siete o siete y media, muy temprano. Luego, en el trabajo o en la escuela almuerzan una torta y comen en casa a las dos y media o las tres. La cena normalmente es a las 9 de la noche.
Los niños empiezan las clases a las ocho de la mañana y terminan a las doce y media. Luego, por la tarde, hay otros turnos desde las doce y media hasta las cinco.
En cuanto a los bancos, normalmente abren desde las ocho hasta las dos. Algunos bancos abren también los jueves por la tarde.
Las tiendas de comida están abiertas desde las siete y media de la mañana hasta las diez de la noche.

7 Pista 3
Salidas:
- El vuelo de Aeroperú número 23848 (dos, tres, ocho, cuatro, ocho) tiene la salida prevista a las siete cincuenta y cinco.
- Los pasajeros del vuelo de Lanchile número cero sesenta y cuatro con salida a las doce cero cinco deben dirigirse a la puerta de embarque 9 D.
- Los pasajeros del vuelo de Aerolíneas Argentinas 1289 (uno, dos, ocho, nueve) con destino a Buenos Aires y salida a las quince veinte salen de la puerta de embarque 5B.
- El vuelo de Iberia 576 (cinco, siete, seis) con destino a

México sale con una demora de quince minutos y, por tanto, la salida es a las dieciocho treinta y cinco. Pasajeros, diríjanse a la puerta de embarque 7F.
- El vuelo de Alitalia 027 (cero, dos, siete) con destino a Roma tiene su salida a las veintitrés diez.

UNIDAD 3

C ¿Qué desayunas?

1 Pista 4

A CAMARERO: Buenos días, ¿qué toman?
SEÑOR: Yo quiero un café con leche y una tostada.
SEÑORA: ¿Tiene zumo de naranja natural?
CAMARERO: Sí, claro.
SEÑORA: Yo un zumo de naranja y una tostada con mantequilla y mermelada.

B CAMARERO: Buenos días, ¿qué desea?
SEÑOR: Quiero dos huevos fritos con beicon.
CAMARERO: Lo siento, no tenemos. ¿Quiere un bocadillo?
SEÑOR: Sí, por favor, un bocadillo de queso y un café con leche.

C CAMARERO: Buenos días, ¿qué desea?
SEÑORA: Buenos días, quiero un té con leche, una magdalena y un zumo de naranja.
CAMARERO: Muy bien, ahora mismo.

UNIDAD 4

B Interiores

7 Pista 5
Mi casa de campo es muy bonita. Tiene tres dormitorios con vistas al jardín. El más grande tiene un pequeño cuarto de baño. Tiene otro cuarto de baño grande al final del pasillo. El salón es muy amplio, con dos grandes ventanas y una chimenea para hacer fuego en invierno. Junto al salón está el comedor y una cocina pequeña donde cocinamos mi marido y yo. Hay un garaje a la entrada. La casa tiene un jardín muy grande, con muchos árboles y flores. Tenemos una piscina para bañarnos en verano. Nos gusta mucho ir a nuestra casa en vacaciones.

UNIDAD 5

C Receta del Caribe

5 Pista 6

La dieta mediterránea

¿En qué se basa esta cultura gastronómica?
Se basa, principalmente, en el aceite de oliva, el pan y el vino. Con estos productos básicos se alimentan los pueblos mediterráneos desde hace más de cinco mil años.
Los países mediterráneos consumen como grasa principal el aceite de oliva, que favorece la disminución del colesterol. También consumen gran cantidad de pescados azules, legumbres y frutas, y menos carne.
Las primeras investigaciones sobre esta dieta se centran en

Grecia y en España, donde se estudian las características de su cocina, sus ingredientes, técnicas de cocción, etc., y se llega a la conclusión de que la dieta de estos países es la ideal para mantener una buena salud.

UNIDAD 6

A ¿Cómo se va a Goya?

3 Pista 7

■ Dígame.
• ¿Marta? Soy Beatriz.
■ ¡Hola! ¿Ya estáis en Madrid?
• Sí, estamos en el hotel de la plaza de España.
■ Estupendo, ¿comemos juntas? Mi trabajo está cerca del hotel, si quieres puedes venir andando, tardas unos veinte minutos.
• No, no, dime mejor cómo voy en metro, tengo un plano en la mano.
■ Mira, estoy en Gran Vía, en la línea 5, solo hay dos estaciones desde Plaza de España, ¿lo ves?
• Pues no.
■ Coge la línea tres, y en la primera estación cambia a la línea 5.
• ¿En Ventura Rodríguez?
■ No, en la otra dirección, en Callao, ¿lo ves?
• Sí, sí.

C Mi barrio es tranquilo

7 Pista 8

Música de salsa, flamenco, tango y ranchera.

UNIDAD 7

A ¿Dónde quedamos?

1 Pista 9

1 MARÍA: ¿Por qué no vamos a tomar algo después de trabajar?
RICARDO: Lo siento, hoy no puedo, tengo que ir de compras con mi hermano. ¿Te parece bien mañana?
MARÍA: ¿A qué hora te viene bien?
RICARDO: ¿A las seis?
MARÍA: No, mejor a las seis y media.
RICARDO: De acuerdo. ¡Hasta mañana!

2 DANIEL: ¿Vamos al cine esta noche?
CARMEN: No puedo, lo siento. Voy a cenar con unos amigos.
DANIEL: ¿Y si nos tomamos un café antes?
CARMEN: Bueno, de acuerdo. ¿Vamos al Café Central?
DANIEL: Estupendo. Nos vemos allí a las cinco.

3 Pista 10

ENTREV: Radio Centro FM. Esta noche en nuestra sección de "Espectáculos" vamos a hablar con Carolina y Pedro, una joven pareja de madrileños que nos van a comentar sus preferencias cuando salen de noche los fines de semana.
ENTREV: ¿Adónde vais normalmente?
PEDRO: Yo prefiero ir a un concierto. Me gusta mucho ir a conciertos de rock, pero Carolina ya está un poco harta. A ella le gusta más ir al teatro. Después, nos gusta mucho ir a tomar unas tapas y volver a casa dando un paseo.
ENTREV: ¿Y tú, Carolina, qué dices?
CAROL: Me gusta mucho ir al teatro. También me gustan

los conciertos de música clásica, excepto la ópera; es demasiado larga. A Pedro le gusta ir a todo tipo de espectáculos musicales, aunque son muy caros. Pero lo que más nos gusta hacer a los dos juntos es ir al cine.

UNIDAD 8

C ¿Qué tiempo hace hoy?

1 Pista 11

Desde niña, siempre deseé conocer la selva. Este verano estuve en Perú, un país maravilloso.

Al día siguiente de mi llegada a Lima, cogí un avión a Iquitos, preciosa ciudad tropical, como sacada de una película: los mototaxis, los mercados de fruta, las casas… y el río Amazonas.
Después entramos en la selva, dispuestos a pescar pirañas, bañarme en el Amazonas, comer plátano frito…
Más tarde, paramos en un pueblo en medio de la selva. En unos segundos un montón de niños salieron de sus casas y me rodearon con sus rostros sonrientes.
Finalmente, me hice unas fotos con ellos y me despedí muy contenta de llevarme un recuerdo auténtico del Amazonas.

UNIDAD 9

A ¿Cuánto cuestan estos zapatos?

2 Pista 12

1 DEPEND: ¿Puedo ayudarla?
SEÑORA: Sí, ¿cuánto cuestan estos pendientes?
DEPEND: 20 euros.
SEÑORA: ¿Y esos de ahí, los azules?
DEPEND: Esos están rebajados, cuestan 15 euros.
SEÑORA: Me los llevo.
DEPEND: ¿Va a pagar en efectivo o con tarjeta?

2 SEÑORA: Buenos días. ¿Cuánto cuesta la falda roja del escaparate?
DEPEND: Son 40 euros.
SEÑORA: ¿Puedo probármela?
DEPEND: Sí, claro, los probadores están al final del pasillo.
DEPEND: ¿Qué tal le queda?
SEÑORA: Pues no me gusta mucho, lo siento, no me la llevo.

3 SEÑORA: Mira esa camiseta verde, solo cuesta 10 euros.
CHICA: Me gusta más esta, ¿por qué no te la pruebas?
SEÑORA: Vale… a ver… ¿Cómo me queda?
CHICA: Fenomenal.
SEÑORA: ¿Cuánto cuesta?
CHICA: Da igual, yo te la regalo.

UNIDAD 10

A La salud

5 Pista 13

SONIA: ¿Qué te pasa Alfonso? ¿Te encuentras bien?
ALFONSO: No, no muy bien. Tengo fiebre.
SONIA: ¿Estás tomando algo?
ALFONSO: No, de momento no.
SONIA: ¿Por qué no te tomas una aspirina y descansas?
ALFONSO: Sí, es lo mejor porque mañana tengo mucho trabajo.
SONIA: Seguro que mañana estás mejor.

Soluciones

UNIDAD 1

A ¡Encantado!

1 1 d.; **2** b.; **3** c.; **4** e.; **5** a.; **6** f.

2 1 A ¿De dónde eres? **2** A ¡Hola!, ¿qué tal? **3** A ¿Eres española? **4** A ¿De dónde eres? **5** A ¿Cómo te llamas?

3 ¿De dónde eres? / ¿Cómo está usted?

4 1 A Hola, ¿cómo te llamas? / B ¿Eres francesa? / A No, soy nigeriana. ¿Y tú? **2** PABLO: María, mira, esta es Susanne. / Susanne: Bien, gracias. / MARÍA: ¿De dónde eres? / SUSANNE: Soy francesa, pero ahora vivo en Madrid. **3** SUSANA: Buenos días, Sr. López. / SR. LÓPEZ: Buenos días, Susana. / SUSANA: Mire, le presento a la nueva directora, Julia Linares. / SR. LÓPEZ: Encantado de conocerla. / JULIA: Gracias, igualmente.

5 **País:** Perú; Alemania; Irlanda. / **Nacionalidad masculino:** portugués; marroquí; peruano; bielorruso; mexicano. / **Nacionalidad femenino:** brasileña; canadiense; alemana; polaca; irlandesa; mexicana.

6 1 Sánchez; **2** Rodríguez; **3** Zorrilla; **4** Martínez; **5** Huerta; **6** Bogotá; **7** Valencia; **8** Varsovia; **9** Túnez; **10** Ancara.

B ¿A qué te dedicas?

1 Profesor/a, médica, cartero, taxista, actriz, camarero, abogada, peluquera.

2 1 Él llama por teléfono todos los días. **2** Rosa tiene tres hijos. **3** Ignacio habla inglés y francés. **4** Nosotros comemos en casa los domingos. **5** ¿Usted habla ruso? **6** ¿Vosotros vivís en España? **7** Ellos viven en París. **8** Layla estudia en la universidad. **9** Yo no trabajo ni estudio. **10** ¿Usted trabaja aquí?

3 **Ser:** soy, eres, es, somos, sois, son. **Tener:** tengo, tienes, tiene, tenemos, tenéis, tienen.

4 1 Elena tiene dos hijos. **2** Roberto es de Buenos Aires. **3** ¿De dónde son Jorge y Claudia? **4** A ¿Son ustedes americanos? B No, somos ingleses. **5** Yo tengo un novio español. **6** Mi amiga Gisela es brasileña. **7** A ¿Tenéis novio? B Ella sí, pero yo no tengo. **8** A ¿Tú eres peruana? B No, soy boliviana. **9** A Julia es mi hermana, es profesora. B Yo también soy profesora. **10** Mi hija tiene una casa en Mallorca. **11** A Somos argentinos, y vosotros, ¿de dónde sois? B Somos chilenos. **12** A ¿Tienes hijos? B No, no tengo hijos.

5 **Posibles respuestas:** 1 Luis y yo estudiamos Derecho. **2** Renate es traductora. **3** Yo trabajo en un restaurante. **4** Ángel y Rosa tienen dos hijos.

C ¿Cuál es tu número de móvil?

1 a 4. b 6. c 1. d 2. e 5. f 3.

2 a: nueve, uno, tres; cinco, seis, siete; ocho, dos, seis. b: nueve, dos, cinco; cero, siete, tres; nueve, cuatro, uno. **c:** seis, dos, seis, dos, cinco, cuatro; seis, ocho, cinco. **d:** seis, dos, cero; seis, cinco, cuatro; tres, nueve, dos. **e:** nueve, cinco, tres; nueve, ocho, uno; ocho, cinco, seis.

3 once, doce, trece, catorce, quince, dieciséis, diecisiete, dieciocho, diecinueve, veinte.

4 1 Manuel. González Romero. Español. Economista. Madrid. 916543201. **2** Isabel. Jiménez Díaz. Argentina. Profesora. Madrid. 656789823. isabel.j@yahoo.com.

5 Actividad libre.

6 1 José Martínez López. Es secretario. Vive en Sevilla y es español. **2** Se llama Noelia Montoro Ruiz. Es pianista. Vive en Cáceres y es cubana.

7 A (1) me llamo; (2) soy; (3) Vivo; (4) tengo; (5) se llama; (6) es; (7) trabaja; (8) estudia; (9) es; (10) vive; (11) es.

B (12) me llamo; (13) soy; (14) soy; (15) vivo; (16) Trabajo; (17) Estoy; (18) viven.

C (19) es; (20) Tiene; (21) es; (22) trabaja; (23) Habla; (24) es.

UNIDAD 2

A ¿Estás casado?

1 1 f; **2** a; **3** e; **4** b; **5** c; **6** d; **7** h; **8** g; **9** i; **10** j.

2 **Laura:** (1) se llama; (2) es; (3) tiene; (4) es; (5) es; (6) es; (7) tiene; (8) tengo; (9) Se llaman; (10) Son. **Pablo:** (1) Tengo; (2) es; (3) tiene; (4) es; (5) tiene; (6) tienen; (7) se llama; (8) es; (9) se llama; (10) es.

3 **Mercedes:** abuela; **Miguel:** marido; **Jorge:** yerno; **Jorge:** tío; **Marisa:** madre; **Marisa:** mujer; **José Luis:** abuelo; **Miguel y Marisa:** padres; **José Luis y Mercedes:** abuelos; **Celia:** sobrina.

4 1 Rosa y María son colombianas. **2** Mis padres son profesores. **3** Nosotros tenemos gatos. **4** Ellos están casados. **5** Estos hoteles son caros. **6** ¿Tus compañeros son españoles? **7** Estos chicos son estudiantes. **8** ¿Tus bolígrafos son nuevos? **9** Las ventanas están abiertas. **10** Estas son las amigas de mis hermanas.

B ¿Dónde están mis gafas?

1 mapa, libro, coche, móvil, reloj, sofá, gafas, silla, diccionario, paraguas, ordenador.

2 1 al lado de; **2** encima de; **3** entre; **4** debajo de; **5** encima de; **6** al lado; **7** detrás; **8** en; **9** encima de; **10** delante.

3 1 Este es mi hermano. **2** Estos son mis padres. **3** ¿Esta es tu madre? **4** Estos son sus tíos. **5** Estos son tus libros. **6** Estas son mis hermanas. **7** Estos son sus abuelos. **8** ¿Este es su teléfono? **9** Este es mi móvil. **10** ¿Este es su coche?

C ¿Qué hora es?

1 1 la una y media; 2 las nueve menos veinte; 3 las nueve y diez; 4 las doce en punto; 5 las diez y cuarto; 6 las tres y veinticinco; 7 las seis menos diez; 8 las once menos cuarto.

2 a veinticinco; b ochenta y siete; c noventa y cuatro; d ciento tres; e ciento quince. f doscientos treinta; g trescientos veintiuno; h cuatrocientos cuarenta y seis; i quinientos treinta y cinco; j mil doscientos doce; k mil novecientos treinta y seis; l mil novecientos noventa y ocho; ll dos mil quinientos cincuenta.

3 **Desayuno:** siete o siete y media. **Comida:** dos y media o tres. **Cena:** nueve de la noche. **Clases:** empiezan a las ocho. **Bancos:** abren a las ocho y cierran a las dos. **Tiendas:** abren a las siete y media y cierran a las diez de la noche.

4 **Actividad libre.**

5 1 F; 2 V; 3 V; 4 F; 5 V.

6 1 Mi hermana es muy simpática. 2 ¿Tú vives con tus padres? 3 ¿Dónde viven tus padres? 4 Mi hermano mayor es médico. 5 Mi marido trabaja en una empresa alemana. 6 Mi abuelo vive con mis padres. 7. ¿Tus hijos estudian en la universidad?

7 **Lima:** 23848. **Santiago:** 9D. **Buenos Aires:** 15.20. **México:** 7F. **Roma:** 027.

8 1 Mis padres son italianos. 2 ¿Dónde están mis lápices? 3 Enrique tiene dos relojes. 4 El diccionario está encima de la mesa. 5 Mi hermano estudia Medicina. 6 Es la una y cuarto. 7 Este sofá es muy cómodo. 8 En mi país la gente cena a las diez.

9 1 Esta; 2 Mi; 3 tu; 4 estos, tus; 5 sus; 6 Estas; 7 vuestro; 8 Este; 9 esta, mis.

PRACTICA MÁS 1

1 **A** yo, trabajo, como, vivo; tú trabajas, comes, vives; él trabaja, come, vive; nosotros trabajamos, comemos, vivimos; vosotros trabajáis, coméis, vivís; ellos trabajan, comen, viven. **B** tengo, tienes, tiene, tenemos, tenéis, tienen; soy, eres, es, somos, sois, son.

2 1 tienen; 2 es, es, trabaja; 3 comemos; 4 vive; 5 Tiene. 6 son, trabajan; 7 es, vive; 8 trabajan; 9 tenemos; 10 son, viven.

3 **Masculino:** ordenador, mapa, sofá, diccionario, libro, móvil, cuaderno, hotel, chico. **Femenino:** silla, gafas, televisión, mesa, ventana.

4 1 ¿De dónde eres? 2 ¿Eres español? 3 ¿Dónde vivís? 4 ¿A qué te dedicas? 5 ¿Dónde trabajas? 6 ¿Cómo te llamas? 7 ¿Sois madrileñas? 8 ¿Estás casada? 9 ¿Tienes hijos?

5 1 las mesas, 2 los relojes, 3 los hombres, 4 las mujeres, 5 los paraguas, 6 los estudiantes, 7 las abuelas, 8 las madres, 9 los autobuses, 10 los móviles, 11 las hijas.

6 1 tu, 2 mis, 3 tu, 4 tus, 5 sus, 6 su, 7 su, 8 mi.

7 1 diez, once, doce, trece, catorce, quince, dieciséis, diecisiete, dieciocho, diecinueve.
2 veinte, treinta, cuarenta, cincuenta, sesenta, setenta, ochenta, noventa.

3 cien, doscientos, trescientos, cuatrocientos, quinientos, seiscientos, setecientos, ochocientos, novecientos, mil.

8 1 buenos, 2 inglesa, 3 viven, 4 trabajo, 5 peluquera, 6 son, 7 tienen, 8 es, 9 italianas, 10 come, 11 El, 12 Este.

UNIDAD 3

A Rosa se levanta a las siete

1 1 María se baña por la mañana. 2 Jorge se levanta muy tarde. 3 ¿Tú te acuestas antes de las 12? 4 Mi novio no se afeita todos los días. 5 Clarita se peina sola. 6 Yo me acuesto antes que mi mujer. 7 Mis padres se levantan temprano. 8 Peter se sienta en la última fila.

2 1 a. 2 desde, de, hasta, de. 3 de, a. 4 a, en, a. 5 A. 6 de, a. 7 por, al. 8 de. 9 por, por. 10 en, 11 a, desde.

3 1 c. 2 a. 3 f. 4 b. 5 e. 6 d.

4 Me acuesto, te acuestas, se acuesta, nos acostamos, os acostáis, se acuestan. Vuelvo, vuelves, vuelve, volvemos, volvéis, vuelven. Voy, vas, va, vamos, vais, van.

5 voy, cierra, empezamos, salgo, venís, cierro, vengo, empieza, salen.

6 1 A. vienes, B. Vengo, voy, cierran. 2 A. Vamos, B. nos acostamos. 3 A. empieza, B. me acuesto. 4 A. volvemos, B. vamos. 5 te levantas.

B ¿Estudias o trabajas?

1 1 LUNES, 2 MARTES, 3 MIÉRCOLES, 4 JUEVES, 5 VIERNES, 6 SÁBADO, 7 DOMINGO.

2 1 f, 2 a, 3 c, 4 e, 5 g, 6 b, 7 d.

3 1 c, 2 e, 3 d, 4 f, 5 g, 6 b, 7 a.

4 1 el aeropuerto. 2 trabaja en un supermercado. 3. son enfermeras y trabajan en un hospital. 4 es secretaria y trabaja en una oficina. 5 trabajan en un restaurante.

5 1 se levanta. 2 se ducha a las 7.15. 3 desayuna. 4 Lleva al colegio. 5 Trabaja. 6 Recoge. 7 Va a nadar. 8 Cena. 9 Lee.

6 de, soy. Trabajo. muy, porque, cantantes... semanas, y. fines, salgo. el, cine.

C ¿Qué desayunas?

1 **A.** Café con leche y tostada. **B.** Zumo de naranja y tostada con mantequilla y mermelada. / Bocadillo de queso y un café con leche. / Té con leche, una magdalena y un zumo de naranja.

2 1 h.; 2 a, f.; 3 c; 4 d; 5 b, g; 6 c, e.

3 **Respuesta libre.**

4 1 guitarra; 2 paraguayo; 3 regalo; 4 goma; 5 Uruguay; 6 colegio; 7 guerra; 8 domingo; 9 pagar; 10 Noruega.

UNIDAD 4

A ¿Dónde vives?

1 1 jardín, 2 garaje, 3 salón, 4 cuarto de baño, 5 dormitorio, 6 cocina, 7 comedor.

2 1 En el primero izquierda. 2 En el cuarto derecha. 3 En el tercero C. 4 En el segundo izquierda. 5 En el décimo derecha. 6 En el primero derecha.

3 1 baño, cocina. 2 dormitorios. 3 garaje. 4 jardín. 5 salón.

B Interiores

1 **Cocina:** armarios, lavavajillas, mesa, microondas. **Cuarto de baño:** lavabo, espejo, bañera. **Salón:** sillones, equipo de música, mesa, espejo.

2 1 el. 2 La. 3 Los. 4 el. 5 las. 6 El, la. 7 El. 8 los, el. 9 las, el. 10 La, las, el.

3 1 una, 2 una, 3 un, 4 unos, 5 un, 6 unos, 7 un, 8 un, 9 un, 10 un, 11 un, 12 un, una, 13 unas, una.

4 1 El, las; 2 un; 3 La, la; 4 Los; 5 la; 6 las; 7 un; 8 una; 9 el, una.

5 1 Cerca de mi casa hay dos restaurantes. 2 El Museo Picasso está en Barcelona. 3 Bilbao está cerca de Santander. 4 Hay una estación junto a mi casa. 5 Encima del espejo está el lavabo. 6 El ordenador está en la habitación de mi hermano. 7 ¿Dónde hay un banco cerca de aquí? 8 Andrés está en el cine con los niños.

6 1 está. 2 Hay. 3 están. 4 hay. 5 está. 6 Hay. 7 tienen. 8 está. 9 Tiene. 10 está.

7 1 F: La casa de Carmen está en el campo. 2 verdadera. 3 verdadera. 4 F: El salón tiene chimenea. 5 verdadera. 6 F: La casa tiene garaje. 7 F: El jardín es muy grande. 8 verdadera. 9 F: En la casa hay una piscina.

8 (1) grande, (2) Está, (3) en, (4) quinta, (5) hay, (6) dormitorios, (7) cocina, (8) el, (9) porque, (10) televisión, (11) librería.

C Visita a Córdoba

1 1 e; 2 b; 3 d; 4 c; 5 f; 6 a; 7 g.

2 1 ¿Puede decirme si hay habitaciones libres para el próximo fin de semana? 2 ¿Qué precio tiene? 3 ¿El uso de la piscina está incluido en el precio? 4 ¿El IVA está incluido en el precio? 5 ¿Se puede pagar con tarjeta de crédito?

3 1 En Córdoba. 2 Que es estupendo. 3 Restaurante, piscina, pistas de tenis, etcétera. 4 Sevilla.

PRACTICA MÁS 2

1 1 c.; 2 a.; 3 e.; 4 g.; 5 b.; 6 d.; 7 f.

2 1 se acuesta. 2 empiezo. 3 vuelves. 4 me levanto. 5 se sienta. 6 vamos. 7 vengo. 8 salgo. 9 volvemos. 10 va. 11 empiezan. 12 me acuesto. 13 duerme. 14 viene. 15 me siento. 16 se duchan. 17 vuelvo. 18 vivís. 19 es. 20 se despiertan. 21 desayunas. 22 tengo. 23 comemos. 24 practicáis.

3 (1) Viven, (2) es, (3) Se levanta, (4) desayuna, (5) sale, (6) Va, (7) se levanta, (8) empieza, (9) Va, (10) come, (11) va, (12) sale, (13) vuelve, (14) practican, (15) cenan, (16) ven, (17) leen, (18) se acuestan.

4 (1) a, (2) de, (3) de, (4) a, (5) en, (6) de, (7) a, (8) en, (9) a, (10) hasta.

5 **Actividad libre.**

6 1 g.; 2 a.; 3 b.; 4 e.; 5 c.; 6 h.; 7 d.; 8 f.

7 2 el dependiente, 3 el presidente, 4 la recepcionista, 5 la cocinera, 6 el médico, 7 la estudiante, 8 el periodista.

8 ¿Dónde está el cuarto de baño? / ¿Dónde hay un supermercado? / ¿Dónde está la parada del autobús n.º 5? / ¿Dónde hay una silla para sentarme? / ¿Dónde está la casa de Miguel? / ¿Dónde hay una estación de metro? / ¿Dónde están los libros de Julia?

9 habitaciones libres; doble; precio; por noche; habitación; reserva.

UNIDAD 5

A Comer fuera de casa

1 **Amalia:** 1 judías verdes, 2 arroz, 3 huevos, 4 fruta. **Juan:** 1 pescado, 2 carne, 3 pollo asado, 4 queso.

2 1 merluza, 2 flan, 3 judías, 4 espárragos, 5 escalope.

3 1 De postre, fruta del tiempo para los dos. 2 Yo quiero sopa de fideos de primero. 3 De segundo quiero merluza. 4 Y yo ensalada. 5 Pues yo pollo asado. 6 Para beber, agua, por favor.

Jorge: Yo quiero sopa de fideos de primero. **Ana:** Y yo ensalada. **Jorge:** De segundo quiero merluza. **Ana:** Pues yo pollo asado. **Jorge:** Para beber, agua, por favor. **Ana:** De postre fruta del tiempo para los dos.

B ¿Te gusta el cine?

1 1 A Carmen le gusta la música clásica. 2 A Pablo le gusta navegar por internet. 3 A los dos les gustan las plantas. 4 A Carmen le gusta la fotografía. 5 A Pablo le gusta el cine. 6 A Carmen le gusta leer. 7 A Pablo le gusta el rock. 8 A Carmen le gusta esquiar. 9 A Pablo le gusta montar en bicicleta. 10 A Carmen le gustan los animales. 11 A Pablo le gusta ver la televisión.

2 **Actividad libre.**

3 1 ¿A tus amigos les gusta la informática? 2 ¿A ti y a tu compañero os gusta el ciclismo? 3 ¿Te gustan los animales? 4 ¿A tu amigo le gusta ver la televisión? 5 ¿Te gusta el cine de terror? 6 ¿Te gusta la paella?

4 1 Me gusta / no me gusta el zumo de naranja. 2 Me gustan mucho / no me gustan nada los plátanos. 3 Me gustan / no me gustan las verduras. 4 Me gusta / no me gusta la leche. 5 Me gustan / no me gustan los cacahuetes. 6 Me gustan / no me gustan las patatas. 7 Me gusta / no me gusta el café. 8 Me gusta / no me gusta el té.

5 **Actividad libre.**

C Receta del Caribe

1 trabaja, trabaje; come, coma; abre, abra; bebe, beba.

2 1 Lava, 2 Corta, 3 Añade, 4 Mezcla, 5 Sirve.

3 1 Prepara, 2 Compra, 3 Elabora, 4 Usa, 5 Añade, 6 Recoge.

4 **Primer plato:** sopa de fideos, ensalada mixta, gazpacho, judías verdes con jamón. **Segundo plato:** merluza a la plancha, escalope de ternera, pollo asado, chuletas de cordero. **Postre:** helado, fruta, flan. **Bebidas:** vino blanco, agua mineral, vino tinto, cerveza.

5 1 Aceite de oliva, pan y vino 2 Desde hace más de cinco mil años. 3 Porque disminuye el colesterol. 4 Los pescados azules, las legumbres y las frutas. 5 En Grecia y en España.

UNIDAD 6

A ¿Cómo se va a Goya?

1 1 va, toma, baja, cambia. 2 se va, Tome, cambie. 3 va, toma, baja.

2 1 de, a, de. 2 de. 3 a. 4 De, a. 5 de, al, en. 6 a, en. 7 a. 8 de, a. 9 hasta, de. 10 De, a.

3 1 V, 2 F, 3 V.

B Cierra la ventana, por favor

1 1 g.; 2 a., 3 f., 4 h., 5 d., 6 b., 7 c, 8 i., 9 j., 10 e.

2 1 ¿Puedes poner la televisión? 2 ¿Puedes hablar más despacio? 3 ¿Puedes venir aquí? 4 ¿Puedes hacer los ejercicios? 5 ¿Puedes cerrar la puerta? 6 ¿Puedes pedir la cuenta? 7 ¿Puedes encender la luz? 8 ¿Puedes recoger la mesa? 9 ¿Puedes torcer a la derecha? 10 ¿Puedes seguir todo recto?

3 empiezo, empieza; enciendo, enciende; pido, pide; guarda.

4 1 Cierra el libro. 2 Empieza a trabajar. 3 Enciende el ordenador. 4 Christian, siéntate allí. 5 Siga por aquí. 6 Pide dinero a tus padres. 7 Acuéstate pronto. 8 Levántate ya, son las diez. 9 Dame un vaso de agua. 10 Déjame tu coche. 11 Deme su pasaporte.

5 1 Guarda la ropa limpia en el armario. 2 Pon la ropa sucia en la lavadora. 3 Haz la cama. 4 Coloca los libros en la estantería. 5 Pon los CD en su sitio.

C Mi barrio es tranquilo

1 1 a; 2 c; 3 b; 4 d.

2 (1) es, (2) es, (3) está, (4) Está, (5) es, (6) es, (7) es, (8) está.

3 1 corto, 2 lento, 3 bajo, 4 pequeño, 5 difícil, 6 tranquilo, 7 caro, 8 feo, 9 estrecho, 10 oscuro, 11 gordo.

4 1 es, 2 está, 4 es rubio, 5 es, 6 está al lado, 7 están, 9 están, 10 Está, 11 está, 12 está, 13 está, está, 14 está, 15 es.

5 Tren: estación, b; avión: aeropuerto, a; barco: puerto, c; taxi: parada, d.

6 **Actividad libre.**

7 1 salsa, 2 flamenco, 3 tango, 4 ranchera.

8 (1) cultura, (2) ritmos, (3) salsa, (4) baila, (5) popular, (6) canciones, (7) cantantes.

9 1 F. 2 F. 3 V. 4 F.

PRACTICA MÁS 3

1 lechuga, huevo, tomate, naranja, pollo, plátano, limón, queso, jamón, patata.

2 1 f. 2 a, c. 3 e. 4 d. 5 d, b. 6 c. 7 a. 8 b, c, d.

3 1 Pasear por la playa. 2 Ver la televisión. 3 Jugar al fútbol. 4 Esquiar. 5 Montar en bicicleta. 6 Escuchar música. 7 Navegar por internet. 8 Hacer fotografías. 9 Cuidar las plantas. 10 Bailar.

4 1 A Ana y a Raúl les gusta el cine, 2 A Ana le gusta ir de compras, pero a Raúl no. 3 A Ana no le gusta la música clásica, pero a Raúl sí. 4 A Ana no le gusta nadar, pero a Raúl sí. 5 A Ana y a Raúl les gusta leer. 6 A Ana no le gusta andar, pero a Raúl sí. 7 A Ana y a Raúl les gusta viajar. 8 A los dos les gusta bailar. 9 A Ana le gusta navegar por internet, pero a Raúl no. 10 A Ana y a Raúl no les gustan las motos. 11 A Ana no le gustan las plantas, pero a Raúl sí. 12 A Ana no le gusta el fútbol, pero a Raúl sí.

5 **Regulares:** terminar: termina; hablar: habla; abrir: abre; mirar: mira; pasar: pasa; coger: coge; tomar: toma; escribir: escribe; comer: come. **Irregulares:** venir: ven; hacer: haz; poner: pon; cerrar: cierra; dar: da; sentarse: siéntate; decir: di; volver: vuelve.

6 Yo vivo en una ciudad muy pequeña y silenciosa. Los edificios son muy antiguos y bajos. Las calles son estrechas y hay pocos coches. El piso donde vivo es grande, y el alquiler barato, porque está lejos del centro. Hay pocas tiendas, pero son baratas para mí.

7 1 es; 2 es, está; 3 son; 4 está; 5 es; 6 A. están, B. son; 7 A. estás; 8 está; 9 son; 10 está.

8 1 e; 2 h; 3 a; 4 b; 5 f; 6 g; 7 c; 8 d.

UNIDAD 7

A ¿Dónde quedamos?

1 1 María: ¿Por qué no vamos a tomar algo después de trabajar?
Ricardo: Lo siento, hoy no puedo, tengo que ir de compras con mi hermano. ¿Te parece bien mañana?
María: ¿A qué hora te viene bien?
Ricardo: ¿A las seis?
María: No, mejor a las seis y media.
Ricardo: De acuerdo. ¡Hasta mañana!
2 Daniel: ¿Vamos al cine esta noche?
Carmen: No puedo, lo siento. Voy a cenar con unos amigos.
Daniel: ¿Y si nos tomamos un café antes?
Carmen: Bueno, de acuerdo. ¿Vamos al Café Central?
Daniel: Estupendo. Nos vemos allí a las cinco.

2 **Actividad libre.**

3 1 V; 2 F; 3 F; 4 V; 5 V; 6 F.

4 1 ¿De parte de quién? 2 Ahora se pone. 3 No está en este momento.

cincuenta y nueve **59**

5 1 f; **2** e; **3** a; **4** b; **5** c; **6** d.

6 1 ¿Está Pilar? **2** ¿A qué hora puedo llamarla? **3** ¿Quieres ir al cine mañana? **4** ¿Quedamos a las seis? **5** ¿A qué hora quedamos? **6** ¿Dónde quedamos?

7 1 V; **2** V; **3** F; **4** F; **5** V; **6** V.

B ¿Qué estás haciendo?

1 1 está pintando; **2** están jugando; **3** está mirando; **4** está descansando; **5** están viendo; **6** está saliendo.

2 1 como; **2** Está haciendo; **3** lees; **4** hago; **5** no hablo; **6** tienes; **7** está durmiendo; **8** Está trabajando; **9** Está estudiando.

3 (1) vive, (2) está pasando, (3) están visitando, (4) están bañándose, (5) tiene, (6) le gusta, (7) están viendo, (8) cenan.

4 1 Me estoy preparando para un examen. **2** ¿Qué estás haciendo ahora? **3** Están comiendo un bocadillo **4** Estamos haciendo la cena. **5** Mi marido está trabajando. **6** Esta semana está lloviendo mucho. **7** Mis amigos están viendo una película. **8** Claudia y yo estamos trabajando en un nuevo proyecto. **9** Las niñas están bañándose en el cuarto de baño grande. **10** ¿Qué están haciendo los niños en su habitación?

5 1 María se está lavando la cara. **2** Luis se está afeitando. **3** Mi hermano se está duchando. **4** Me estoy peinando. **5** Susana y Rosa se están pintando los labios. **6** Miguel se está bañando. **7** Mi hijo se está peinando. **8** Él se está cepillando los dientes. **9** Mi madre se está secando el pelo en el cuarto de baño. **10** Mis hermanos se están vistiendo para ir al concierto.

C ¿Cómo es?

1 1 F. **2** F. **3** F. **4** V. **5** V. **6** F. **7** F.

2 **Velázquez:** pelo largo, barba, pelo moreno, bigote, mayor, alto. **Infanta Margarita:** pelo largo, pelo rubio, joven. **Meninas:** pelo largo, pelo moreno, jóvenes.

3 1 generoso, **2** callado, **3** antipático, **4** alegre, **5** maleducado.

4 **Actividad libre.**

UNIDAD 8

A Por favor, ¿para ir a la catedral?

1 1 e. **2** a. **3** c. **4** f. **5** d. **6** b.

2 1 B primera a la izquierda. **2** B la segunda a la derecha. **3** B la tercera calle a la izquierda y después la primera a la derecha.

3 1 A ¿Puede decirme cómo se va al parque? B Gire la primera a la derecha y después la segunda a la izquierda.
2 A ¿Puede decirme cómo se va al teatro? B Sí, la primera calle a la izquierda y después la primera a la derecha.
3 A ¿Puede decirme cómo se va al restaurante? B Sí, todo recto y después la tercera calle a la derecha.

4 1 en; **2** hasta, de; **3** a; **4** de; **5** en, a; **6** En, de. **7** al, de, de; **8** a; **9** por, de, hasta, al; **10** por, a.

5 a 3, **b** 5, **c** 1, **d** 2, **e** 4.

B ¿Qué hizo Rosa ayer?

1 fue / comer, comí / escuché, escuchó / leer, leyó / empecé, empezó / estar, estuvo / jugar, jugó / salí, salió / vivir, vivió/ nací, nació / trabajar, trabajé.

2 1 c (trabajo / empecé); **2** e (va / fue); **3** f (ve / escuchó); **4** b (van / jugaron); **5** d (llueve / nevó); **6** a (vamos / estuvimos).

3 (1) estuviste; (2) Fui; (3) comisteis; (4) pedimos; (5) pasasteis; (6) pasamos; (7) reímos; (8) Fue.

4 1 ¿A quién llamó por teléfono el jueves? A Tomás. **2** ¿Qué día tomó el tren? El viernes. **3** ¿A qué hora salió el tren? A las 11:30. **4** ¿De quién fue el sábado el cumpleaños? De María. **5** ¿A qué hora quedaron? A las 5. **6** ¿Con quién fue el domingo al cine? Con Tomás. **7** ¿Cuándo vio la nota del examen? El lunes. **8** ¿Adónde fue el martes? Al gimnasio.

C ¿Qué tiempo hace hoy?

1 (1) estuve, (2) cogí, (3) avión, (4) río, (5) Después, (6) Más tarde, (7) salieron, (8) Finalmente, (9) hice, (10) despedí.

2 1 Siempre deseé conocer la selva. **2** Al día siguiente me fui a Iquitos. **3** En Iquitos vimos el río Amazonas. **4** En el Amazonas se pescan pirañas. **5** En la selva nos bañamos en el Amazonas. **6** En el pueblo de la selva conocí a un grupo de niños. **7** Me llevé un auténtico recuerdo del Amazonas. **8** Me hice fotos con los niños.

3 1 Ayer en México hizo calor y estuvo nublado. Hoy llueve. **2** Ayer en Argentina hizo frío. Hoy hace viento. **3** Ayer en Brasil estuvo nublado y llovió. Hoy hace frío y viento.

4 1 Unos 118 millones de habitantes. **2** 5100 pesos. **3** Iberia y Aeroméxico. **4** Octubre, noviembre, diciembre, enero, febrero, marzo. **5** Las pirámides de Teotihuacán están en Ciudad de México y las pirámides mayas están en Chiapas. **6** Tienes que llevarte bañador para bañarte en las playas de Cancún.

PRACTICA MÁS 4

1 1 estoy viendo. **2** está estudiando. **3** estoy haciendo. **4** juegan; Están jugando. **5** está leyendo. **6** está haciendo. **7** está durmiendo. **8** está duchándose.

2 (1) está comprando, (2) está hablando, (3) está preguntando, (4) está enseñando, (5) van, (6) comentan, (7) están, (8) le gusta.

3 1 tocó, **2** ganó, **3** se fueron, **4** viajaron, **5** estuvieron, **6** se alojaron, **7** vivieron, **8** volvió, **9** dejó, **10** compró.

4 (1) tocó, (2) celebró, (3) llamé, (4) gastó, (5) fui, (6) compré, (7) pasamos.

5 1 tacaño. **2** antipático. **3** serio. **4** maleducado. **5** habladora. **6** generosa. **7** simpático/a. **8** callado/a. **9** educado.

6 1 pelo corto, **2** ojos claros, **3** menor, **4** gordo, **5** alta, **6** pelo liso.

7 1 En Caracas hace calor. **2** En Lima está nublado. **3** En Santiago de Chile está nevando. **4** En Asunción hace frío. **5** En Brasilia hace viento. **6** En Bogotá no hace mucho calor.

8 enero, febrero, marzo, abril, mayo, junio, julio, agosto, septiembre, octubre, noviembre, diciembre.

UNIDAD 9

A ¿Cuánto cuestan estos zapatos?

1 1 (1) cuánto, (2) cuestan, (3) llevo, (4) con tarjeta. **2** (1) cuesta, (2) Son, (3) probármela, (4) queda, (5) gusta, (6) llevo. **3** (1) cuesta, (2) gusta, (3) queda, (4) Cuánto.

3 1 ¿Tú lo traes? **2** ¿Tú las ves? **3** ¿Tú los compras? **4** ¿Tú la conoces? **5** ¿Tú lo lees? **6** ¿Tú lo usas? **7** ¿Tú lo utilizas?

4 1 me; **2** la; **3** los; **4** lo; **5** lo; **6** os; **7** te; **8** Nos, os; **9** las.

B Mi novio lleva corbata

1 Jersey, pantalones, falda, camiseta, calcetines, abrigo, camisa, zapatos.

2 1 monedero; **2** carpeta negra; **3** grises; **4** gafas rojas, modernas; **5** pelota amarilla; **6** azules; **7** rosa; **8** verdes; **9** bufanda naranja.

3 1 caro; **2** moderno; **3** largo; **4** incómodo; **5** limpio; **6** estrecho; **7** claro; **8** pequeño.

4 1 gasta, **2** compras, **3** cómoda, **4** vaqueros, **5** zapatos, **6** elegante, **7** bonitos, **8** favorito.

C Buenos Aires es más grande que Toledo

1 1 Aquellos vaqueros son más baratos que estos. **2** Yo soy menor que Juanjo. **3** El coche de Miguel es mejor que el de Ramón. **4** La silla es más incómoda que el sillón. **5** El abrigo es más corto que la falda. **6** Nosotras tenemos más libros que ella. **7** Tu coche es más moderno que el mío.

2 1 Este, corto; **2** Esa, pequeña; **3** Esos, nuevos; **4** Aquellas, cansadas; **5** esta, roja; **6** este; **7** Estas, caras, aquellas, baratas. **8** Esos, largos, aquellos, cortos; **9** Estos, rebajados; **10** Ese, bonito, barato, caro, feo.

3 (1) mejor; (2) más; (3) menos; (4) más; (5) tan; (6) mayor.

4 Actividad libre.

5 (1) noroeste, (2) lugar, (3) después, (4) catedral, (5) empezó, (6) Es, (7) mirar, (8) ambiente, (9) que, (10) encontrar, (11) hay, (12) postre.

UNIDAD 10

A La salud

1 1 rodilla, **2** dedos, **3** mano, **4** brazo, **5** hombro, **6** cara, **7** ojo, **8** oreja, **9** pelo, **10** cuello, **11** pecho, **12** pierna, **13** pie.

2 1 dedos, **2** oreja, **3** cara, **4** pie, **5** ojos, **6** rodilla.

3 1 orejas, **2** bigote, **3** brazos, **4** dientes, **5** ojos, **6** manos, **7** dedos.

4 **Sonia:** ¿Qué te pasa Alfonso? ¿Te encuentras bien? **Alfonso:** No, no muy bien. Tengo fiebre. **Sonia:** ¿Estás tomando algo? **Alfonso:** No, de momento no. **Sonia:** ¿Por qué no te tomas una aspirina y descansas? **Alfonso:** Sí, es lo mejor, porque mañana tengo mucho trabajo. **Sonia:** Seguro que mañana estás mejor.

5 1 le duele, **2** les duele, **3** me duele, **4** le duelen, **5** te duele, **6** nos duelen.

B Antes salíamos con los amigos

1 1 d. trabajaba; **2** f. íbamos; **3** a. venía; **4** c. compraba; **5** e. me gustaba; **6** b. hacías.

2 1 vivíamos; **2** tenía, iba; **3** trabajaba; **4** tocaba; **5** eran, tocaban; **6** iba; **7** éramos, escalábamos; **8** tenía, leía; **9** existían.

3 (1) tenía; (2) vivíamos; (3) era, (4) había, (5) teníamos, (6) iba, (7) era, (8) atendía, (9) vivíamos, (10) tomábamos.

4 1 Tenía 90 años. **2** Vivían más tranquilos. **3** No tenían ni televisión ni radio. **4** En Trujillo. **5** Era barbero. **6** Comían muchos alimentos naturales, leche recién ordeñada y patatas recogidas del campo.

C Voy a trabajar en un hotel

1 1 c; **2** b; **3** e; **4** a; **5** f; **6** d.

2 1 Juan va a lavar el coche. **2** Yo voy a llamar a mis amigos. **3** Ana va a cenar con Pedro. **4** María y Alberto van a pintar su casa. **5** Tomás y yo vamos a arreglar nuestras bicicletas. **6** ¿Vas a ir a la piscina? **7** ¿Vais a venir a comer? **8** ¿Tu hermano va a correr la maratón de Atenas? **9** Mis amigos no van a ver el partido en casa. Lo van a ver en un bar. **10** ¿Vas a hacer obra en la cocina?

3 (1) va a venir; (2) vamos a ver; (3) vamos a jugar; (4) puedo; (5) voy a lavar.

4 1 g; **2** c; **3** b; **4** a; **5** d; **6** e; **7** h; **8** j; **9** i; **10** f.

5 1 David va a hacer fotos a los leones. **2** Pedro va a volar sobre el Gran Cañón. **3** Alberto y Pablo van a pasear por la plaza Roja. **4** Yo voy a visitar las pirámides. **5** Tú vas a escuchar flamenco. **6** Mi novio y yo nos vamos a bañar en las playas de Copacabana. **7** Nosotros vamos a conocer las islas griegas. **8** Mis padres van a admirar la Gioconda. **9** Pablo y María van a conocer el Coliseo. **10** Tu amigo Pedro va a navegar por el Támesis.

6 1 F; **2** F; **3** V; **4** F; **5** V; **6** V.

PRACTICA MÁS 5

1 1 Lo; **2** los; **3** Las; **4** Las; **5** La; **6** Los.

2 1 pequeño. **2** caro. **3** oscura. **4** sucia. **5** larga. **6** antiguo. **7** grande.

3 1 mejor; **2** tan; **3** menos; **4** que; **5** como; **6** mayor, menor; **7** peores; **8** peor; **9** menos; **10** mejores; **11** mejor.

4 comía, decía; dibujabas, decías; dibujaba, comía; dibujábamos, comíamos, decíamos; dibujabais, comíais, decíais; dibujaban, comían, decían. // iba, era; ibas, eras; iba, era; íbamos; erais; iban, eran.

5 1 vivían; **2** era, iba; **3** bebíamos; **4** tenían, salían; **5** íbamos; **6** venía, jugaba; **7** estábamos, montábamos; **8** conducía.

6 2 ¿Cuándo van a ir Juanjo y sus amigos al gimnasio? Van a ir al gimnasio el martes y el jueves. **3** ¿Qué se va a comprar? Se va a comprar un coche nuevo. **4** ¿Con quién va a pasar las vacaciones? Va a pasar las vacaciones con Nieves y Lucía. **5** ¿Qué día va a organizar una fiesta? El día de su cumpleaños, el 28 de febrero. **6** ¿Dónde van a jugar Juanjo y Miguel al tenis? Van a jugar en la Casa de Campo. **7** ¿Dónde va a pasar la Semana Santa? Va a pasar la Semana Santa en Londres.

V Vocabulario

Abreviaturas

adj. = adjetivo   prep. = preposición   n. f. = nombre femenino
adv. = adverbio   pron. = pronombre   v. = verbo
conj. = conjunción   n. m. = nombre masculino   v. r. = verbo reflexivo

Review the most important words in each unit and translate them into your language.

UNIDAD 0

abrir (v.) _____
alumno/a (n.) _____
bolígrafo (n. m.) _____
buenas noches _____
buenas tardes _____
buenos días _____
compañero/a (n.) _____
completar (v.) _____
cuaderno (n. m.) _____
diccionario (n. m.) _____
empezar (v.) _____
escribir (v.) _____
escuchar (v.) _____
estudiante (n.) _____
estudiar (v.) _____
hablar (v.) _____
hola _____
lápiz (n. m.) _____
leer (v.) _____
libro (v.) _____
llamarse (v. r.) _____
mirar (v.) _____
muy bien _____
palabra (n. f.) _____
practicar (v.) _____
preguntar (v.) _____
profesor/a (n.) _____
repetir (v.) _____
responder (v.) _____
ser (v.) _____
y (conj.) _____

escuela (n. f.) _____
este/esta (pron.) _____
flamenco (n. m.) _____
frase (n. f.) _____
futbolista (n.) _____
gimnasio (n. m.) _____
gracias (n.) _____
hospital (n. m.) _____
instituto (n. m.) _____
jugar (v.) _____
médico/a (n.) _____
ministro/a (n.) _____
mucho gusto _____
novio/a (n.) _____
nuevo/a (adj.) _____
número (n. m.) _____
peluquero/a (n.) _____
pero (conj.) _____
policía (n.) _____
presentar (v.) _____
presidente/a (n.) _____
restaurante (n. m.) _____
secretario/a (n.) _____
soltero/a (adj.) _____
taxista (n.) _____
teléfono (n. m.) _____
tener (v.) _____
torero (n.) _____
trabajar (v.) _____
urgencias (n.) _____
vivir (v.) _____

gente (n. f.) _____
guitarra (n. f.) _____
hacer (v.) _____
hermano/a (n.) _____
hijo/a (n.) _____
hora (n. f.) _____
horario (n. m.) _____
hotel (n. m.) _____
madre (n. f.) _____
mapa (n. m.) _____
más (adv.) _____
mesa (n. f.) _____
mi/mis (adj.) _____
minuto (n. m.) _____
mujer (n. f.) _____
ordenador (n. m.) _____
padre (n. m.) _____
país (n. m.) _____
paraguas (n. m.) _____
pequeño/a (adj.) _____
por (prep.) _____
primo/a (n.) _____
reloj (n. m.) _____
segundo (adj.) _____
semana (n. f.) _____
silla (n. f.) _____
sofá (n. m.) _____
tarde (n. f.) _____
televisión (n. f.) _____
tienda (n. f.) _____
tío/a (n.) _____
tu/tus (adj.) _____
ventana (n. f.) _____
zapatilla (n. f.) _____

UNIDAD 1

actriz (n. f.) _____
ama de casa (n.) _____
bailar (v.) _____
cafetería (n. f.) _____
calle (n. f.) _____
camarero/a (n.) _____
cantante (n.) _____
cartero/a (n.) _____
casado/a (adj.) _____
ciclista (n.) _____
clase (n. f.) _____
comer (v.) _____
conocer (v.) _____
de (prep.) _____
dedicarse (v. r.) _____
dirección (n. f.) _____
en (prep.) _____
encantado/a (adj.) _____
escritor/a (n.) _____

UNIDAD 2

abuelo/a (n.) _____
amigo/a (n.) _____
año (n. m.) _____
banco (n. m.) _____
casa (n. f) _____
cenar (v.) _____
chico/a (n.) _____
coche (n. m.) _____
cuadro (n. m.) _____
cuánto/a/os/as (pron.) _____
debajo (adv.) _____
delante (adv.) _____
detrás (adv.) _____
dibujar (v.) _____
encima (adv.) _____
entre (prep.) _____
familia (n. f.) _____
foto (n. f.) _____
gafas (n. f. p) _____
gato/a (n.) _____

UNIDAD 3

acostarse (v. r.) _____
afeitarse (v. r.) _____
alguno/a (pron.) _____
asignatura (n. f.) _____
autobús (n. m.) _____
azafata (n. f.) _____
baile (n. m.) _____
ballet (n. m.) _____
beber (v.) _____
bombero (n.) _____
bueno/a (adj.) _____
café (n. m.) _____
casarse (v. r.) _____
cocinero/a (n.) _____
colegio (n. m.) _____
comida (n. f.) _____
dependiente/a (n.) _____

desayunar (v.) _____

desde (prep.) _____

desear (v.) _____

después (adv.) _____

domingo (n. m.) _____

dormir (v.) _____

ducharse (v. r.) _____

edad (n. f.) _____

enfermero/a (n.) _____

entrar (v.) _____

fiesta (n. f.) _____

gustar (v.) _____

hasta (prep.) _____

huevo (n. m.) _____

ir (v.) _____

jueves (n. m.) _____

leche (n. f.) _____

levantarse (v.) _____

lunes (n. m.) _____

madrugada (n. f) _____

magdalena (n. f.) _____

mantequilla (n. f.) _____

mañana (n. f.) _____

martes (n. m.) _____

menos (adv.) _____

mermelada (n. f.) _____

miércoles (n. m.) _____

naranja (n. f.) _____

queso (n. m.) _____

sábado (n. m.) _____

semana (n. f.) _____

siempre (adv.) _____

también (adv.) _____

té (n. m.) _____

temprano (adv.) _____

terminar (v.) _____

todo/a (adj.) _____

tomar (v.) _____

tomate (n. m.) _____

tostada (n. f.) _____

tren (n. m.) _____

vacaciones (n. f. p.) _____

vecino/a (n.) _____

ver (v.) _____

viernes (n. m.) _____

volver (v.) _____

zumo (n. m.) _____

UNIDAD 4

aparcar (v.) _____

armario (n. m.) _____

arriba (adv.) _____

ascensor (n. m.) _____

bajo/a (adj.) _____

bañera (n. f.) _____

baño (n. m.) _____

chalé (n. m.) _____

cine (n. m.) _____

ciudad (n. f.) _____

cocina (n. f.) _____

comedor (n. m.) _____

cuarto (n. m.) _____

derecha (n. f.) _____

doble (adj.) _____

dormitorio (n. m.) _____

espejo (n. m.) _____

fin de semana (n. m.) _____

frigorífico (n. m.) _____

garaje (n. m.) _____

grande (adj.) _____

habitación (n. f.) _____

hay (v. haber) _____

izquierda (n. f.) _____

jardín (n. m.) _____

lámpara (n. f.) _____

lavabo (n. m.) _____

llave (n. f.) _____

microondas (n. m.) _____

nevera (n. f.) _____

patio (n. m.) _____

piscina (n. f.) _____

plano (n. m.) _____

planta (n. f.) _____

salón (n. m.) _____

sillón (n. m.) _____

simpático/a (adj.) _____

supermercado (n. m.) _____

tarjeta de crédito (n. f.) _____

UNIDAD 5

agua (n. f.) _____

andar (v.) _____

animal (n. m.) _____

arroz (n. m.) _____

azúcar (n.) _____

bicicleta (n. f) _____

caminar (v.) _____

carne (n. f.) _____

carta (n. f.) _____

cerveza (n. f.) _____

chuleta (n. f.) _____

cine (n. m.) _____

comedia (n. f.) _____

cordero (n. m.) _____

deporte (n. m.) _____

discoteca (n. f.) _____

ensalada (n. f.) _____

flan (n. m.) _____

fruta (n. f.) _____

fútbol (n. m.) _____

gazpacho (n. m.) _____

hielo (n. m.) _____

jamón (n. m.) _____

judías verdes (n.) _____

limón (n. m.) _____

merluza (n. f.) _____

montar (v.) _____

música (n. f.) _____

nadar (v.) _____

partido (n.m) _____

patata (n. f.) _____

plátano (n. m.) _____

plato (n. m.) _____

playa (n. f.) _____

película (n. f.) _____

pescado (n. m.) _____

pollo (n. m.) _____

postre (n. m.) _____

receta (n. f.) _____

sopa (n. f.) _____

ternera (n. f.) _____

tortilla (n. f.) _____

viajar (v.) _____

vino (n. m.) _____

UNIDAD 6

alquilar (v.) _____

antes (adv.) _____

apagar (v.) _____

aquí (adv.) _____

barrio (n. m.) _____

billete (n. m.) _____

cambiar (v.) _____

céntrico (adj.) _____

cerca (adv.) _____

coger (v.) _____

comunicado (adj.) _____

dato (n. m.) _____

deberes (n.pl.) _____

encender (v.) _____

enfrente (adv.) _____

enseguida (adv.) _____

estación (n. f.) _____

extraña (adj.) _____

frío (adj.) _____

informe (n. m.) _____

lejos (adv.) _____

lento (adj.) _____

línea (n. f.) _____

mal (adv.) _____

malo (adj.) _____

metro (n. m.) _____

necesitar (v.) _____

nota (n. f.) _____

parada (n. f.) _____

perdonar (v.) _____

plaza (n. f.) _____

poder (v.) _____

preparar (v.) _____

prestar (v.) _____

rápido/a (adj.) _____

recto/a (adj.) _____

reunión (n. f.) _____

ruido (n. m.) _____

ruidoso/a (adj.) _____

seguir (v.) _____

sencillo/a (adj.) _____

sentarse (v. r.) _____

taxi (n. m.) _____

tomar (v.) _____

V

torcer (v.) _____
tranquilo/a (adj.) _____
vale _____

UNIDAD 7

alegre (adj) _____
amarillo/a (adj.) _____
antipático (adj.) _____
azul (adj.) _____
bañador (n. m.) _____
barba (n. f.) _____
bigote (n. m.) _____
blanco/a (adj.) _____
cabeza (n. f.) _____
callado/a (adj.) _____
calvo/a (adj.) _____
claro/a (adj.) _____
conmigo _____
corto/a (adj.) _____
de acuerdo _____
dejar (v.) _____
delgado/a (adj.) _____
dígame (v.) _____
educado/a (adj.) _____
estupendo _____
generoso/a (adj.) _____
gordo/a (adj.) _____
hablador/a (adj.) _____
largo/a (adj.) _____
lavarse (v. r.) _____
lo siento _____
mejor (adj.) _____
momento (n. m.) _____
moreno/a (adj.) _____
ojo (n. m.) _____
oscuro/a (adj.) _____
peinarse (v. r.) _____
pelo (n. m.) _____
pelota (n. f.) _____
periódico (n. m.) _____
piel (n. f.) _____
puerta (n. f.) _____
quedar (v.) _____
recado (n. m.) _____
rojo/a (adj.) _____
rubio/a (adj.) _____
secarse (v. r.) _____
señor/a (n.) _____
simpático/a (adj.) _____
sol (n. m.) _____
sombrero (n. m.) _____
sombrilla (n. m.) _____
toalla (n. f.) _____
tumbona (n. f.) _____
último/a (adj.) _____
venga _____
verde (adj.) _____

UNIDAD 8

acabar (v.) _____
así es _____
atender (v.) _____
ayer (adv.) _____
calor (n. m.) _____
cansado/a (adj.) _____
concierto (n. m.) _____
correos (n.) _____
cumpleaños (n. m) _____
diferente (adj.) _____
encontrar(se) (v.) _____
enfermo/a (adj.) _____
farmacia (n. f.) _____
final (n. m.) _____
girar (v.) _____
iglesia (n. f.) _____
invierno (n. m.) _____
llegar (v.) _____
llover (v.) _____
nevar (v.) _____
nublado (adj.) _____
otoño (n. m.) _____
primavera (n. f.) _____
tiempo (n. m.) _____
verano (n. m.) _____
viento (n. m.) _____
visitar (v.) _____

UNIDAD 9

aburrido/a (adj.) _____
ancho/a (adj.) _____
anillo (n. m.) _____
antiguo/a (n. m.) _____
ayudar (v.) _____
barato/a (adj.) _____
bolso (n. m.) _____
camisa (n. f.) _____
camiseta (n. f.) _____
caro/a (adj.) _____
chaqueta (n. f.) _____
cliente/a (n.) _____
collar (n. m.) _____
conocer (v.) _____
contaminado/a (adj.) _____
corbata (n. f.) _____
costar (v.) _____
divertido/a (adj.) _____
efectivo (adj.) _____
estrecho/a (adj.) _____
estresante (adj.) _____
falda (n. f.) _____
habitante (n. m.) _____
limpio/a (adj.) _____
llevar (v.) _____
marrón/ones (adj.) _____
mayor (adj.) _____
medias (n. f. pl.) _____
mejor (adj.) _____

menor (adj.) _____
moderno/a (adj.) _____
montaña (n. f.) _____
morado/a (adj.) _____
negro/a (adj.) _____
pantalones (n. m. pl.) _____
pendientes (n. m.) _____
peor (adj.) _____
playeras (n. f. pl) _____
precioso/a (adj.) _____
rebajado/a (adj.) _____
rico/a (adj.) _____
ropa (n .f.) _____
rosa (adj.) _____
seguro/a (adj.) _____
sucio/a (adj.) _____
tienda (n. f.) _____
vaqueros (n. pl.) _____
zapato (n. m.) _____

UNIDAD 10

aconsejar (v.) _____
ahorrar (v.) _____
aspirina (n. f.) _____
autocar (n. m.) _____
brazo (n. m.) _____
cabeza (n. f.) _____
campo (n. m) _____
cara (n. f.) _____
cuello (n. m.) _____
de repente _____
dedo (n. m.) _____
dentista (n.) _____
descansar (v.) _____
doler (v.) _____
entrenar (v.) _____
espalda (n. f.) _____
estómago (n. m) _____
feliz (adj.) _____
fiebre (n. f.) _____
garganta (n. f.) _____
gripe (n. f.) _____
hombro (n. m) _____
jugador (n. m.) _____
mano (n. f.) _____
mejorar (v.) _____
mercadillo (n .m.) _____
miel (n. f.) _____
muela (n. f.) _____
oído (n. m.) _____
oreja (n. f.) _____
pecho (n. m.) _____
pie (n. m.) _____
pierna (n. f.) _____
plan (n. m.) _____
rodilla (n. f.) _____
social (adj.) _____
vida (n. f.) _____
vuelta (n. f.) _____